NEBEL

Otto Nebel, 1892–1973

THERESE BHATTACHARYA-STETTLER

OTTO NEBEL

Benteli Verlag Bern

Gestaltung: Benteliteam
Satz und Druck: Benteli AG, 3018 Bern
Printed in Switzerland
ISBN 3-7165-0410-6

Fotonachweis:
Martin Glaus, Bern
Gerhard Howald, Kirchlindach
F. Meyerhenn, Bern
Kunstmuseum Bern
Folkwang-Museum, Essen
Schweiz. Institut für Kunstwissenschaft, Zürich
Solomon R. Guggenheim Museum, New York

Inhalt

Vorwort

«Ich arbeite genau wie ein Landmann – nur dass ich einen unsichtbaren Acker so bestelle, dass er sichtbar wird. Wer Augen hat zu sehen, der sehe.» *O. N.*

Otto Nebel begann seine berufliche Laufbahn 1909 in Berlin, vorerst noch im Hochbaufach. Die Kriegsjahre verbrachte er an den deutschen Fronten, sowohl im Westen wie im Osten. Aus den Kriegserlebnissen erwuchsen treibende Kräfte, die den jungen Nebel in den folgenden Jahren, in einer Zeit, in der im jungen demokratischen Deutschland auf künstlerischem Gebiet ein gewaltiger Umbruch stattfand, auf neue Wege führten. Nebel schloss sich dem «Sturm»-Kreis an, in dessen Mittelpunkt Herwarth Walden stand. So wirkte er in einem Kreis von gleichgesinnten Künstlern, deren Bestrebungen darauf ausgingen, der bildenden und dichterischen Kunst mit neuen Mitteln und Formen der Bildgestaltung zum Durchbruch zu verhelfen. In diesen Jahren bahnte sich der Weg zur ungegenständlichen Malerei. Ein Aufenthalt in Weimar im Jahre 1925 brachte ihn den Künstlern des Bauhauses näher. Zu seinen Freunden zählten Wassily Kandinsky, Paul Klee, Georg Muche und zahlreiche andere, in deren Umkreis er geistige und künstlerische Anregung fand.

Das Jahr der Machtergreifung durch die Nationalsozialisten in Deutschland brachte auch in Otto Nebels Leben einen Wendepunkt. 1933 wurde das Bauhaus aufgelöst. Ungegenständliche Malerei wurde für entartet erklärt und somit auch die Kunst Otto Nebels geächtet. Wie so viele andere Künstler, entschloss sich auch Nebel, gemeinsam mit seiner Gattin Deutschland zu verlassen und in der Schweiz ein neues Wirkungsfeld zu suchen.

Zu Beginn der sechziger Jahre befasste sich Otto Nebel ernsthaft mit dem Gedanken, eine Stiftung zu errichten, der das umfangreiche nachgelassene Werk angehören sollte. Am 21. Januar 1971 unterzeichnete Nebel seine letztwillige Verfügung, in welcher er bestimmte, dass nach seinem Tode der ganze künstlerische Nachlass, sowohl das bildnerische Werk wie auch die Manuskripte seiner literarischen Arbeiten und kunsttheoretischen Schriften, seine Tagebücher und sein mehrbändiges Werkverzeichnis einer zu errichtenden Otto-Nebel-Stiftung als Alleinerbin zufalle. Zweck der Stiftung sollte die Betreuung dieses Nachlasses sein und diesen auch soweit als möglich bekannt werden zu lassen. Als Sitz der Stiftung hatte Nebel Bern vorgesehen, die Stadt, in der er sich 1933 niederliess und die er sich auch zu seiner Wahlheimat auserkor, wurde ihm doch 1952 die schweizerische Staatsbürgerschaft mit Heimatort Bern zuerkannt. Ebenfalls im Jahre 1971 bedachte Otto Nebel das Berner Kunstmuseum mit einer Schenkung, die 22 Ölgemälde, 152 farbige Bildblätter und Zeichnungen, zwei Skizzenbücher sowie neun graphische Blätter umfasste. Als Kernstück dieser Schenkung gilt die umfangreiche Bilderreihe *Musartaya, die Stadt der tausend Anblicke.*

Nebel hatte in seinen Berner Jahren diejenigen Ölgemälde, Bildblätter, Mosaiken, Hinterglasmalereien und graphischen Arbeiten – rund 1900 gemalte Werke, eine Anzahl Linolschnitte und etwas mehr als 4000 Zeichnungen –, die ihm besonders am Herzen lagen und denen er persönlich besondere Bedeutung zumass, einer eigenen unverkäuflichen Sammlung eingegliedert. Diese Sammlung bildet nun das Kernstück der Stiftungsgutes. Nebel hatte dabei alle Epochen und Phasen seiner künstlerischen Gestaltung berücksichtigt und somit selbst einen Querschnitt durch sein eigenes Schaffen gewählt. Was nicht der Sammlung eingegliedert wurde, hatte Nebel zum Verkauf zu seinen Lebzeiten vorgesehen. Hiervon sind heute noch mehr als 1000 Arbeiten erhalten, die ebenfalls der Stiftung einverleibt wurden.

Die Bestrebungen der Otto-Nebel-Stiftung galten vorerst einer Gesamtausgabe des dichterischen Werkes. Im Jahre 1979 konnte im Verlag «Edition Text und Kritik» in München das gesamte literarische Werk in der Reihe «Frühe Texte der Moderne» in drei Bänden erscheinen. Die Bearbeitung lag in den Händen von René Radrizzani,

der in freundschaftlicher Verbundenheit zu Otto Nebel sich bereits seit vielen Jahren mit dessen dichterischem Werk befasste. Nun soll in der Folge auch Nebel als Maler in einer Monographie gewürdigt werden. Die Otto-Nebel-Stiftung beauftragte damit die Berner Kunsthistorikerin Therese Bhattacharya-Stettler, die bereits die gesamte Inventarisierung des Stiftungsgutes vorgenommen hatte und somit auch über die notwendigen Voraussetzungen verfügte. Die für den vorliegenden Band getroffene Auswahl von rund 100 Abbildungen lässt deutlich erkennen, welche Vielfalt von persönlichen Aussagen und Gedanken die farblich fein abgestuften und formal subtil ausgewogenen Malereien und Zeichnungen enthalten.
Im Namen der Otto-Nebel-Stiftung sei Frau Therese Bhattacharya-Stettler herzlich gedankt für das Interesse, das sie dem Werk Otto Nebels entgegenbrachte. Sie hat sich in seine Formensprache und in sein Gedankengut eingearbeitet und den Versuch unternommen, ihre Erkenntnisse in Worte zu fassen und damit als erste einem weitgezogenen Kreise den Zugang zum bildnerischen Werk Nebels zu bahnen. Nicht minder gedankt sei auch dem Photographen Gerhard Howald, der die Aufnahmen für den gesamten Bildteil machte, sowie Frau Rita Klee für ihre organisatorische Mithilfe. Aufrichtiger Dank gebührt dem Benteli Verlag, dessen Mitarbeiter mit aller Sorgfalt die Herausgabe vorbereiteten, insbesondere Herrn Ewald Graber, der die graphische Gestaltung besorgte. Schliesslich geht unser Dank auch an die Stiftung Pro Helvetia, die mit einem namhaften Beitrag die Finanzierung des Buches ermöglichte.

Robert L. Wyss
Präsident der Otto-Nebel-Stiftung

Im März 1982

1892	Am 25. Dezember Geburt von Otto Nebel in Berlin
1909	Ausbildung zum Hochbaufachmann an der Baugewerkschule Berlin (Meisterbrief)
1913–1914	Schauspielunterricht mit Abschluss an der Lessing-Bühne Berlin (bei Rudolf Blümner, Friedrich Kayssler, Ilka Grüning)
1914–1918	Kriegsdienst
1918–1919	Kriegsgefangenschaft in England
ab 1919	In Berlin als Maler und Schriftsteller tätig, Mitarbeit an der Kunstzeitschrift «Der Sturm»
1924	Heirat mit Hildegard Heitmeyer, Assistentin von Gertrud Grunow am Bauhaus in Weimar
1925	Aufenthalt in Weimar, Freundschaft mit Kandinsky und Klee
1926–1928	Längere Aufenthalte in Bayern und Ascona. Mitbegründer einer Handdruck-Tapetenfabrik in Kochel bei München
1929	Aufenthalt in Groussey bei Carolles-sur-Mer und in Paris
1931	Dreimonatiger Aufenthalt in Italien
1933	Übersiedlung in die Schweiz, zunächst nach Muntelier am Murtensee, dann ständiger Wohnsitz in Bern
1936–1951	Förderung und Unterstützung durch die Guggenheim Foundation, New York
1937–1938	Aufenthalt in Italien
1942	Eintritt in die «Neue Kirche» (Swedenborg)
1951–1955	Verdient Lebensunterhalt als Schauspieler in den Berner Kammerspielen (dem späteren Atelier-Theater)
1952	Erhält das Schweizer Bürgerrecht
1962	Schiffsreise nach Griechenland und in den Vorderen Orient
1965	Wird mit dem Grossen Verdienstkreuz der Bundesrepublik Deutschland ausgezeichnet
1973	Am 12. September in Bern gestorben

1 Pare-Venetien, 1918

Die Anfänge

Otto Nebel (links) mit Bruder Karl, La Madeleine (Lille), 1918

Mit einer kleinen, farbig getönten Tinte-Zeichnung, *Pare-Venetien–1.Januar–18* (Abb. 1) setzt Otto Nebels «ungegenständliche Malerei als Ausdrucksnotwendigkeit von innen her» ein [1]. Das Blatt, das er einem Feldpostbrief an seinen Bruder Karl beilegte, zeigt Baumstämme mit roten und grünen Lichtdurchblicken, die Loslösung vom Gegenständlichen vollzieht sich erst ansatzweise. Dennoch lag es Nebel besonders daran, dass dieser Beginn beachtet werde. Es ist die Zeichnung, mit der er rückblickend sein umfangreiches Lebenswerk eröffnen lässt. Alle früheren tastenden Versuche, sich bildnerisch mitzuteilen, betrachtete er als Vorarbeiten zu seinem Schaffen – bis auf einige postkartengrosse Skizzen ist das meiste ohnehin den Kriegswirren anheimgefallen.
Schon vor Ausbruch des Ersten Weltkrieges hatte die Kunst ihren neuen Kurs eingeschlagen, ohne dass sich der Geschmack der breiten Öffentlichkeit allerdings geändert hatte; man trat neuen Strömungen reserviert, ja höhnisch entgegen. Viele Künstler, auch ihre Förderer und Händler, hatten noch immer gegen zahlreiche Anfeindungen anzukämpfen und ihre Positionen mit Härte und Ausdauer zu verteidigen. Immerhin, die ersten stürmischen Wogen hatten sich im Schicksalsjahr 1918 gelegt.
Otto Wilhelm Ernst Nebel wurde am 25. Dezember 1892 in Berlin geboren. Sein Vater, Prokurist einer chemischen Fabrik, war ein «verhinderter Dichter und Musikant», der auch zeichnerisch sehr begabt war und von früh auf die malerischen und zeichnerischen Versuche des älteren seiner beiden Söhne förderte. Nebel schrieb, er habe väterlicherseits die «Empfindungsbreite» geerbt, die «Empfindungstiefe» jedoch von der Mutter. Diese – eine gebürtige Dessauerin – «war immens Person, fast Friedrich Wilhelm I. Dabei von unendlicher Güte und absoluter Geradheit der Empfindungen ... von ihr habe ich Wort und Dichtung. Das Schweigen-Können aber nicht minder. Den Trotz ... Den Geist des Widerspruchs ... Das Dionysische.» [2]
Nebel besuchte in Berlin das Lessing-Gymnasium und die städtische Realschule, bevor er ein zweijähriges Praktikum als Maurer absolvierte und sich während zwei weiterer Jahre zum Meister im Hochbaufach ausbilden liess. Er wirkte zudem als Bauführer beim Erweiterungsbau der Technischen Hochschule Berlin-Charlottenburg, wo ihm auch die Gelegenheit geboten wurde, zuweilen die Hörsäle zu betreten. Die Beziehung zum «Bauwerklichen» war – wie wir sehen werden – wegweisend und sollte später in seinen Werken immer wieder durchscheinen. Das Arbeiten mit klaren rationalen Konstruktionen blieb nicht ohne Auswir-

kung; hier hat er die Impulse gewonnen und sich das Rüstzeug geholt. Das Handwerklich-Technische allein konnte ihn aber nicht befriedigen. Seiner Liebe zum Wort, zum Dichterischen wegen entschloss er sich, Schauspieler zu werden. Ende 1913 trat er in die Schauspielschule des Lessingtheaters ein, einer seiner Lehrer wurde Rudolf Blümner, der grosse Wort-Künstler und Rezitator und – wie Lothar Schreyer ihn nannte – das «Gewissen des ‚Sturm'»[3]. Mit den andern Wortführern und Anhängern dieser Gruppe um Herwarth Walden kam Nebel indes damals noch nicht in näheren Kontakt. Er konnte auch sein erstes Engagement am Theater in Hagen nicht antreten, da der Krieg ausbrach, der so manches vielversprechende Künstlertalent verschlang; so auch Franz Marc, der im Alter von 36 Jahren anfangs März 1916 bei Verdun fiel. Als Nebel Ende desselben Jahres von einem seiner zahlreichen Fronteinsätze auf Urlaub ins winterliche Berlin zurückkehrte, traf er in den Strassen zufällig seinen früheren Lehrer Blümner, der ihn in die retrospektive Marc-Ausstellung in Waldens «Sturm»-Galerie führte.

Die Begegnung mit den dort gezeigten Bildern einerseits, mit Herwarth Walden anderseits war richtungweisend für Nebels künftige Wege in Malerei und Dichtung. Er schreibt: «Aus den Bildern von Franz Marc hatte mir die Tiefengüte einer überirdischen Kunstweisheit entgegengeleuchtet. Ein Seelenverwandter war mir entgegengekommen, ein gestaltender Bekenner zudem, der durch die Feuertaufe und durch ähnliche Kriegserlebnisse von entsprechender Wucht verwandelt worden war auf annähernd dieselbe Weise, wie ich selbst oder meine Schicksalsgefährten im Felde.»[4] Marcs Bilder wurden ihm Trost und Ansporn, zu seinen Gefährten zurückzufinden, obwohl er sich in diesem Krieg allmählich wie eines der «letzten Blätter im hohen Astwerke eines verdorrten Baumes, der nimmer mehr grünen kann»[5] fühlte.

Eine vierzehnmonatige Gefangenschaft nach Kriegsende im englischen Colsterdale empfand er weniger als Freiheitsberaubung denn als «Erlösung». Sie war ihm deshalb erträglich, weil er hier ein schöpferisches Leben führen konnte. Er durfte zeichnen, malen, schreiben. Er porträtierte seine Lagergenossen, malte Blätter «ungegenständlicher Ordnung» – sogenannte «Stegreifblätter» – und schrieb seine kriegsächtende Dichtung *Zuginsfeld,* die er nach seiner Freilassung in Fortsetzungsfolgen in der Zeitschrift «Der Sturm» veröffentlichte[6]. Den Kontakt mit Walden hatte er seit jener ersten Begegnung brieflich aufrechterhalten.

Der «Sturm» – die Nachkriegsjahre

Waldens «Sturm»-Galerie hatte bereits 1913 mit dem berühmt gewordenen «Ersten Deutschen Herbstsalon» ihren Höhepunkt erreicht. Hier war die gesamte europäische Avantgarde vertreten und der Öffentlichkeit Berlins als Herausforderung präsentiert worden – ein Ereignis, das Nebel die Gelegenheit bot, sich mit den neuen Strömungen bekanntzumachen – mit den Werken der Kubisten, Orphisten, Futuristen, der «Brücke»-Maler und des «Blauen Reiters». Nach Kriegsende hatten sich viele Künstler der Ausstellung von 1913 durchgesetzt. Auch während des Krieges hatte die Ausstellungstätigkeit Waldens nicht geruht. Trotz dem auf Rücksicht auf die Zensur proklamierten Patriotismus bot der «Sturm» auch Künstlern des feindlichen Lagers – wie Léger, Delaunay, Chagall, Archipenko, Kandinsky – weiterhin Gastrecht. Aber die Reihen lichteten sich; ausser Marc waren auf beiden Seiten weitere Opfer zu beklagen, so die Maler Macke und Boccioni, der Dichter und Theoretiker der Kubisten Guillaume Apollinaire wie auch der Lyriker August Stramm, Waldens grosse Entdeckung und Vorbild der nächsten «Sturm»-Generation.

Walden wandte sich neuen zukunftsweisenden Richtungen zu. Kurt Schwitters, Hans Arp, Willi Baumeister, der Ungar Moholy-Nagy, aber auch die konstruktivistischen Maler Russlands fanden bei ihm Aufnahme. Zudem traf sich der aus Zürich heimgekehrte Dadaist Richard Huelsenbeck in Berlin mit Gleichgesinnten. Hier hatten sich des weiteren 1918 Architekten, Künstler, Schriftsteller, Filmemacher und Musiker in der sogenannten «Novembergruppe» zusammengeschlossen, die sich in idealistischer Weise für eine Demokratisierung des Kunstbetriebes einsetzte[7]. Und dank Walter Gropius kam es 1919 in Weimar zur Gründung des Bauhauses. All diesen Tendenzen ist in den letzten Jahren vermehrt Beachtung geschenkt worden[8]; hier genüge der Hinweis auf das anregende künstlerische Klima, das Nebel 1919 nach seiner Entlassung aus der Kriegsgefangenschaft in Berlin vorfand.

Bereits 1920 ermöglichte ihm Walden, erstmals einige seiner jüngsten Arbeiten sowie noch in England entstandene Blätter zu zeigen[9]. Im Jahr danach schloss er sich – für einige Zeit – mit Rudolf Bauer und Hilla von Rebay zur Künstlergruppe «Die Krater» zusammen.

Auch wenn hier von Otto Nebel als Maler die Rede ist, sei doch bemerkt, dass er im «Sturm» vor allem als Wortkünstler hervortrat – er beteiligte sich aktiv an den zahlreichen «Sturm»-Abenden, an denen Dichtungen vorgetragen wurden. Um Farben und Rohstoffe war es im Nachkriegsdeutschland schlecht bestellt. Nebel, der der Wahl von Werkmitteln

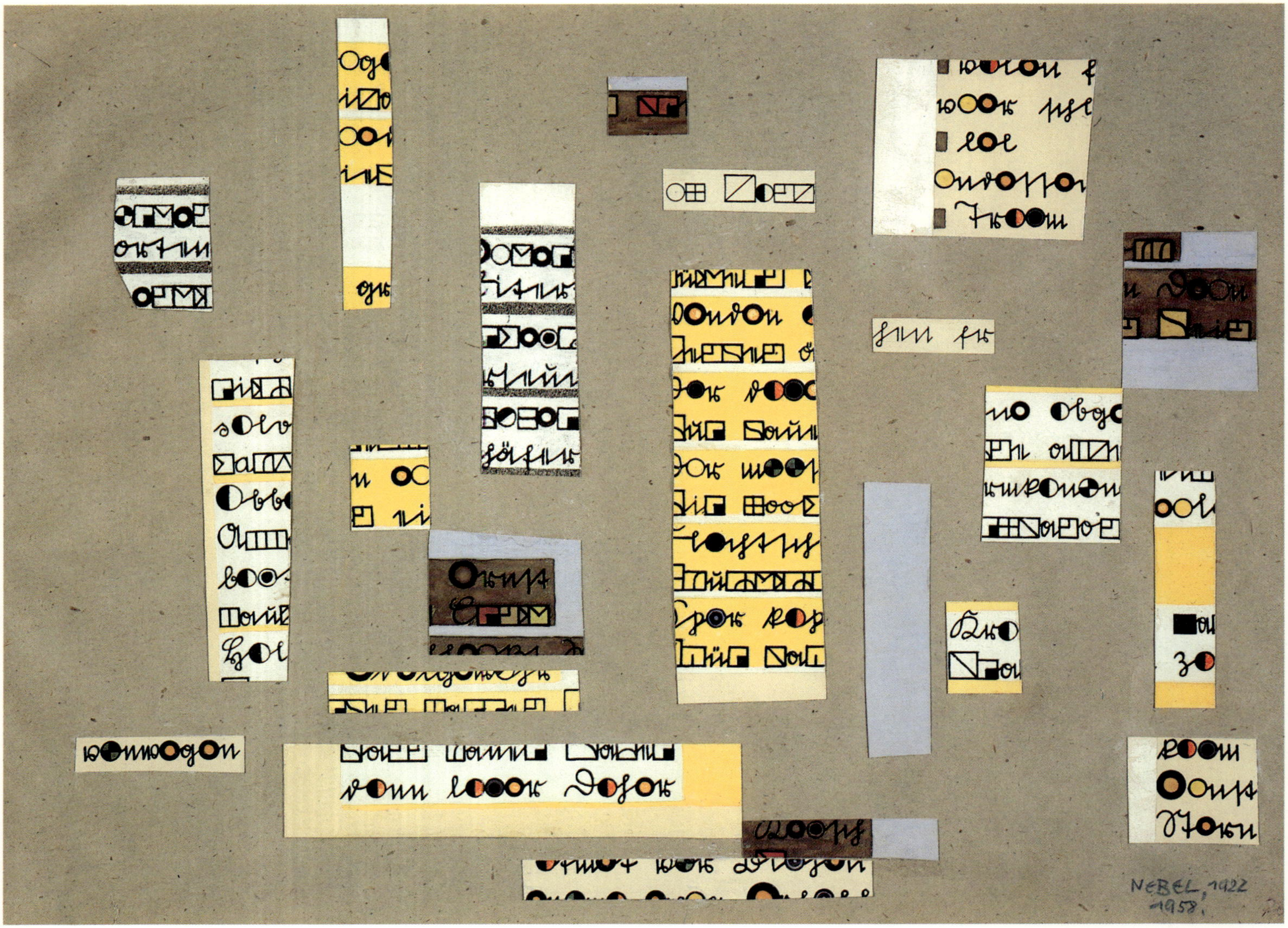

2 Bruchstücke aus «Uns, Unser, Er, Sie, Es» in «Runen und Entwürfe», 1922/1958

grösste Bedeutung beimass und sich ungern mit minderwertigem Grundmaterial abfand, zog deshalb häufig das Schreiben dem Malen vor [10]. Nach der *Zuginsfeld*-Publikation erschienen in der «Sturm»-Zeitschrift noch einige kleinere Beiträge aus seiner Feder [11]. Die ersten Jahre der wiedergewonnenen Freiheit verwendete er fast ganz zur Erforschung der Grundelemente der Sprache; den Wortlaut des ersten Ergebnisses dieses Suchens, die Dichtung *Uns, Unser, Er, Sie, Es* von 1922, hat er drei Jahrzehnte später verworfen, «weil sie nichts anderes war als ein durch die Runen-Fugen *Unfeig* und *Das Rad der Titanen* abgetanes Vorwerk» [12]. Eine wenn auch fragmentarische Rekonstruktion ermöglichten die erhaltenen Reste des zerschnittenen Buches. Wesentlich für den Werdegang des Malers ist, dass er hier erstmals jedem Buchstaben eine bestimmte Farbe und eine besondere Form zuordnete, das ganze ABC in Runen umsetzte; diese galten bekanntlich im germanischen Altertum als heilige magische Zeichen – Buchen-Stäbe wurden dazu verwendet –, wobei «runa» sowohl «Geheimnis», «Geraune» als auch «Dichtkunst» und «Buchstabe» bedeutete [13]. Bald jedoch schienen Nebel die 26 Buchstaben unseres Alphabets allzu viele Wörter mit «allzu wenig Sinn» zu ergeben. Er erkannte, dass Beschränkung Bereicherung brächte. Wie sich der Musiker an eine gewisse Zahl von Tönen und der Maler an bestimmte Hauptfarben halten müsse, so solle sich auch der Dichter beschränken. Nach Art der musikalischen Fuge setzte er drei Vokale und sechs Konsonanten (UEINFGTRZ) zu einem kristallhaft dichten Wort-Gebäude von rund 1500 Zeilen zusammen: die Neun-Runen-Fuge *Unfeig.* Später schuf er mit zwölf Runen sein Hauptwerk, *Das Rad der Titanen,* an dem er drei Jahrzehnte lang gearbeitet hat (1926–1955) [14]. Nach seiner Auffassung setzt und setzte in allen Jahrhunderten echte Bilderkunst im Zeichner oder Maler den Dichter voraus. Während vom 1922 gemalten Runenbuch *Uns, Unser, Er, Sie, Es* fast nur Bruchstücke übriggeblieben sind (Abb. 2), die zum Teil in Klebebildern erneute Verwendung fanden, sind die vier grossen, im Anschluss an *Unfeig* entstandenen «Runen-Fahnen» vollständig erhalten [15]. Nebel wählte aus der Dichtung die zweite Fuge – *Ein Runenring* – aus und schrieb den Wortlaut, auf einer Mittelachse angeordnet, in schwarzer Tusche auf das erste dieser 2,5 x 1 m messenden Blätter. Auf dem zweiten ist das «reine Schriftbild» durch schwarze «Lese-Zeichen» ersetzt, er nennt sie «sinngebende Gebärden der Runenworte»; auf dem dritten Blatt treten an deren Stelle Farbformen nach Art eines Mosaiks aus neun Sorten farbiger Glaswürfel, jedem der ursprünglich neun Buchstaben wird wiederum eine Farbe zugeordnet; er nennt es die «Gliederung der Lautwerte im Runensatze». Und schliesslich auf dem letzten Blatt, der vierten «Fahne», teilt er jedem der Lesezeichen seine entsprechende Farbe zu (Abb. 3), es ist der «Zusammenklang der gewerteten Lautgefüge» [16]. Zahlreiche von Nebels späteren ungegenständlichen Werken lassen sich als Variationen dieser Art gemalter Zeichensprache deuten [17]. Die Runenfahnen sind somit nicht allein Zeugen für die enge Verknüpfung seiner Malerei mit der Dichtung, sondern auch wichtige Vorboten des bildnerischen Spätwerks.

Nebels Frühwerk liegt heute nicht mehr vollständig vor, vieles ist 1942–1945 in Berlin dem Bombenhagel zum Opfer gefallen und lediglich in einigen verblassten Photographien überliefert. Verschollen ist auch das kurz nach der Heimkehr aus England 1919 entstandene Gemälde in Öl *Gefangenschaft*, das Walden für seine eigene Sammlung erworben hatte; ein Werk, das Nebels «kriegsverletztes Gemüt» genesen liess, indem es ihn von seinen bedrückenden Erlebnissen befreite und für den Neubeginn stärkte [18]. Schmerzlich ist zudem der Verlust all jener ungegenständlichen Aquarelle, die er 1921 in seiner ersten Einzelausstellung zeigte. Diese fand in Hagen statt, in derselben Stadt also, in der er sein erstes Theaterengagement hätte antreten können, wenn der Krieg nicht ausgebrochen wäre. Die Titel dieser Blätter sind der Musikterminologie entnommen: *Rasch und lebhaft (Allegro vivace), Schreitend (Andante), Verlöschend (Diluendo)* (Abb. 4), *Feurig (Con brio)* usw. Beim Betrachten der wenigen vorhandenen Photographien dieser Arbeiten kann man nicht umhin, sich an Kandinskys späte «Improvisationen» der Vorkriegszeit erinnert zu fühlen. Es sind rasche, spontan hingeworfene, lockere Formgefüge, schwungvolle Zeichen von freier, intuitiver Pinselführung, ausgewogen auf die Fläche verteilt – Eindrücke innerer Natur, unabhängig von optischen Erlebnissen der Aussenwelt.

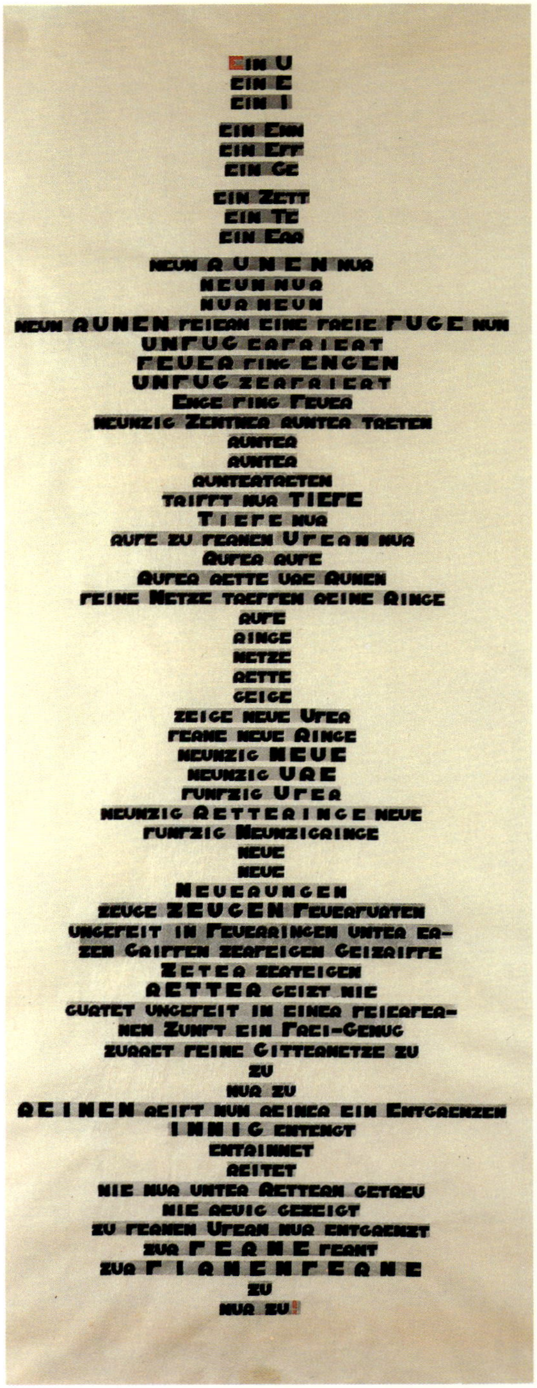

3 Runenfahnen 1–4 zur Runenfuge «Unfeig», 1924–25

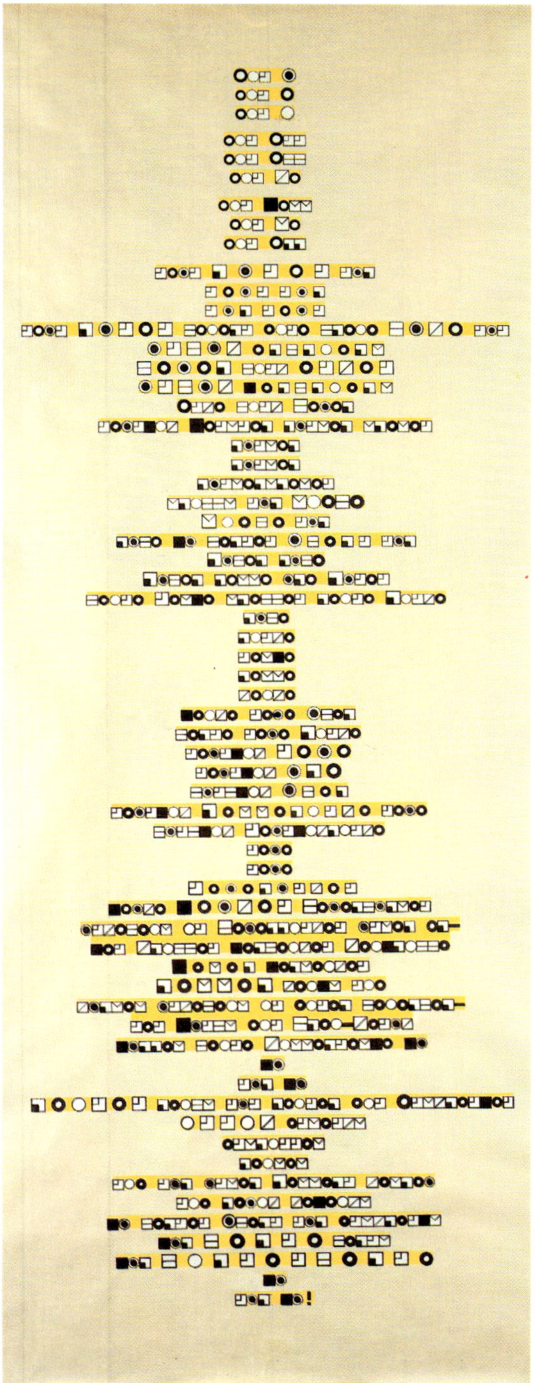

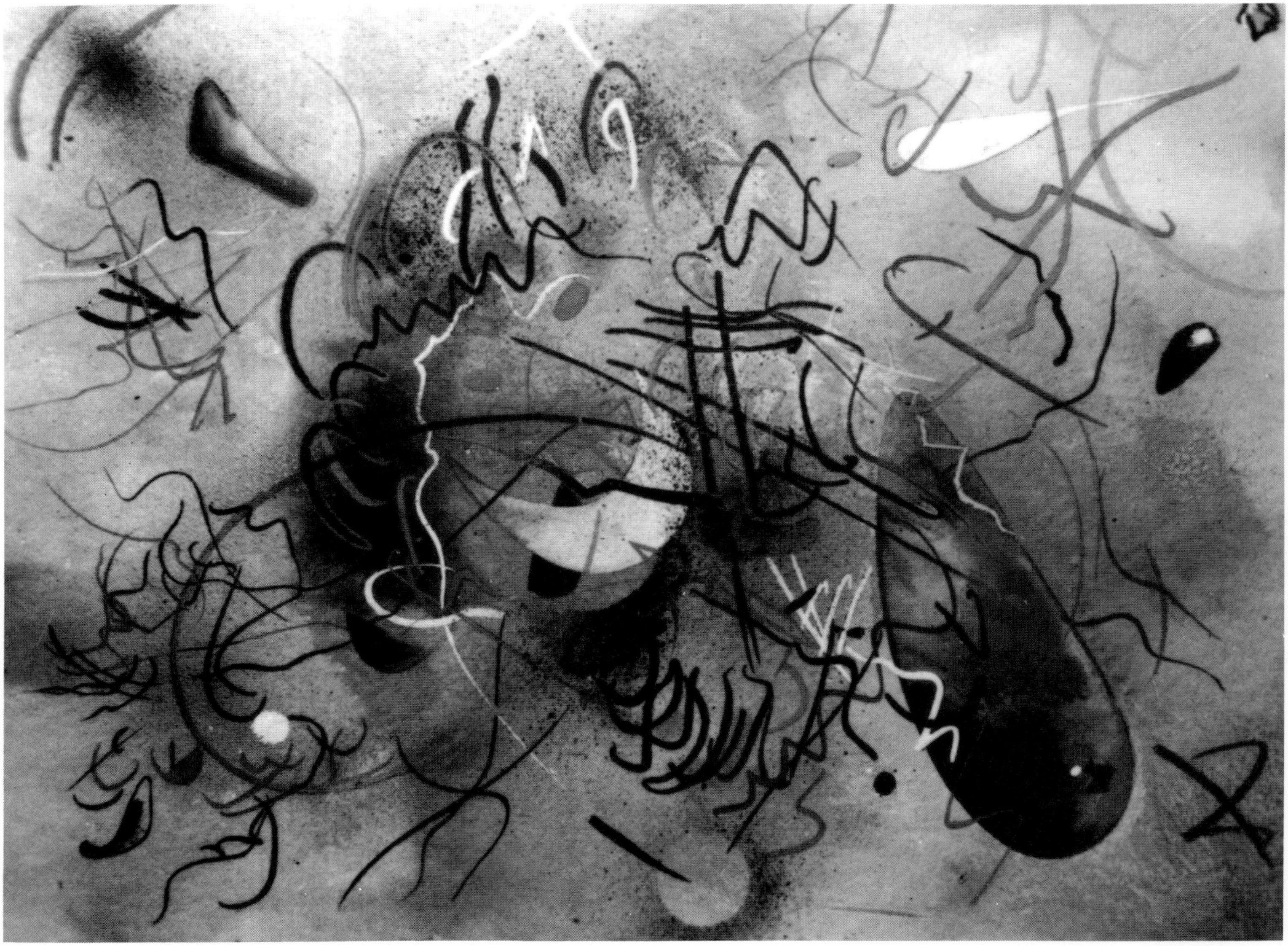

4 Verlöschend (Diluendo), 1921

Albert Gleizes: Composition (for Jazz), 1915

Der Künstler beschreibt in seinem Buch *Schauen und Lauschen* diese verschollenen Werke mit den Worten: «Eine Grundspannung löst sich in feinere Schwingungen auf und klingt zusammenstimmend in der Fläche aus ... Die Festigkeit der Schau kommt aus der Farbe ...» [19] Nebel improvisierte, einer inneren Stimme gehorchend, mit der Palette in der Hand, die Titel machen die entsprechenden «Klänge» deutlich und bezeichnen die jeweiligen Stimmungslagen. «Das innere Kochen in unklarer Form», nannte es Kandinsky in bezug auf seine eigenen Arbeiten [20]. Wir werden an die Pläne zur Entwicklung einer Harmonielehre von Farben und Formen des «Blauen Reiters» erinnert; in dessen Almanach von 1912 haben sich mehrere Autoren über die Analogie tonaler Schwingungen zu farbigen Akkorden geäussert. Wie sehr Nebel in Kandinsky einen «Seelenverwandten» gefunden hatte – er war bis zu des Älteren Tod 1944 mit ihm freundschaftlich verbunden –, kommt in seinen Aufzeichnungen wiederholt deutlich zum Ausdruck.

Kandinsky, der unabhängig von Cézanne und den kubistischen Strömungen in Frankreich zur Abstraktion gelangte, stellte in der Abhandlung *Über die Formfrage,* einem seiner Beiträge zum «Blauen Reiter»-Almanach, in dem er die Gedanken des Vorjahres *Über das Geistige in der Kunst* weiterführte, fest, dass «nicht die Form (Materie) im allgemeinen» das Wichtigste sei, sondern «der Inhalt (Geist)». Es komme in der Formfrage darauf an, «ob die Form aus der *inneren Notwendigkeit* gewachsen ist oder nicht» [21]. Er fühlte, dass die Malerei ähnliche Kräfte wie die Musik besitze und entwickeln könne; es galt also, eine neue Ästhetik zu begründen, die den «gegenstandslosen», abstrakten Formen eine Daseinsberechtigung gab. Er war sich zugleich bewusst, dass das «Streichen des Gegenstandes in der Malerei sehr grosse Forderungen an das innere Erleben der rein malerischen Form stellt, so dass also eine Entwicklung des Beschauers in dieser Richtung unbedingt notwendig ist und deshalb in keinem Falle ausbleiben kann ...» [22] Es würde zu weit führen, hier auf Kandinskys Theorie, die sich aus den Bildelementen Punkt, Linie, Fläche und Farbe aufbaut, näher eingehen zu wollen; sein Name wird jedoch immer wieder zu nennen sein, wenn wir Nebels Schaffensweg verfolgen. Vieles, was auch Nebel so sehr am Herzen lag, die «Suche nach dem Geistigen in der Kunst», die Erforschung einer eigengesetzlichen Bildsprache, zu der der «geistige Mensch» Zugang hat, fand er bei dem grossen Meister und Pädagogen vorbereitet und bestätigt.

Zu Franz Marc und Kandinsky als den Künstlern, denen Nebel für seine Entwicklung am meisten zu verdanken hatte, gesellt sich Albert Gleizes (Abb.), den er zwar nie persönlich kennenlernte, der aber in Waldens «Sturm»-Galerie mehrmals Werke gezeigt hatte und dessen theoretische Schriften über den Kubismus und die Gesetze in der Malerei [23] er mit grossem Interesse verfolgte. Über Gleizes sagte Jacques Villon einmal, er habe einem «inneren Befehl gehorchend» das Geheimnis des Lebens als Geheimnis der rhythmischen Form gedeutet und sich unbewusst als Träger einer geheimnisvollen Botschaft betrachtet [24]. Dieses rhythmische Element war es auch, das Nebel in seinen Bann zog; in Gleizes sah er den «geistigen Begründer der Kunst der Fuge in der Malerei». Die Aufgabe der Malerei bestand für den Franzosen darin, «auf zwei Dimensionen die Wirklichkeit, welche drei hat, lebendig zu machen» [25]. Seine Schriften zum Problem des Kubismus sind von der Auffassung geprägt, dass diese neue Raumvorstellung einen «Wandel der Stellung des Menschen im Universum» verrate [26]. Als Nebel ihm später, 1935, die kleine Schrift von Liebmann über ihn zusandte, bestätigte ihm Gleizes in seinem Dankesbrief, was jener längst geahnt hatte: «Nous sommes sur les mêmes voies, occupés aux mêmes recherches et cela est déjà suffisant pour que tout ce que vous faites me soit très sympathique ...», Worte, die Nebel tief bewegten und ihm in Zeiten der Emigration Ermutigung brachten [27].

Die Beziehung zum Bauhaus

Weimar, 1924

Eine Zeitlang unterhielt Nebel enge Beziehungen zum Bauhaus, die auf sein malerisches Werk nicht ohne Folge bleiben sollten. Er gehörte aber weder der Schüler- noch der Lehrerschaft jemals an. Einige Bauhaus-Künstler kannte er schon vom «Sturm» her, andere führte ihm Hildegard Heitmeyer zu, die er an einer Silvesterfeier 1923 in Berlin kennengelernt und im Mai 1924 geheiratet hatte. Sie war damals Assistentin von Gertrud Grunow, Meisterin am Bauhaus, deren Name in der neueren Literatur nur wenig genannt wird. Ihre Forschungsergebnisse und Übungen waren für Nebels künftiges Schaffen von erstrangiger Bedeutung, was er selber mit Nachdruck betont hat. Auch dem Leser seiner kunsttheoretischen Äusserungen wird bald einmal bewusst, wie unmittelbar diese mit der Grunow-Lehre verknüpft sind[28], welche davon ausgeht, dass wie der Klang auch die Farbe nicht nur mit den Sinnen (Ohr, Auge) in der Aussenwelt aufgenommen wird, sondern beide auch im Innern wirken. Hilda Nebel selbst hat diese Erkenntnisse später einem breiten Schülerkreis weitervermittelt; durch ihre Grunow-Stunden konnte sie während der schweren Jahre das Ihre zum Lebensunterhalt beitragen. In ihrer Schrift *Die Grunow-Lehre, eine Erziehung der Sinne durch Ton und Farbe*[29] beschrieb sie den Sinn und Zweck der Grunowschen Übungen mit den Worten: «Die Lebenskräfte im Menschen zu wecken, zu ordnen, zu richten und auszugleichen. Die Empfindungs- und Aufnahmefähigkeit zu stärken. Ausbau der Wesenslagen des Menschen im Sinne der Ganzheit und des Schöpferischen.»
Dank dieser Übungen überwand Nebel die psychischen Nachwirkungen des Krieges und fand wieder das notwendige Gleichgewicht zu schöpferischer Tätigkeit. «Just das war es, was der schauende und lauschende Künstler erwartet, gesucht, ersehnt ... hatte. Es fiel viel Dunkel von den Innenwänden ab», bekennt er rückblickend[30]. Gertrud Grunow siedelte 1926 nicht mit nach Dessau über, in Hamburg baute sie sich einen neuen Wirkungskreis auf. Immer aber war Nebel ihr Rat besonders wertvoll, «das ist so, wie wenn sich ein Mensch beim Hausarzt durchleuchten lässt»[31]. Und als 1944 die Nachricht von ihrem Tod in Bern eintraf, notierte er: «Wir haben so den bedeutendsten Menschen verloren, der uns in unserem Leben begegnet ist»[32].
Zu den Lehrern am Bauhaus gehörte seit 1922 Paul Klee, für Nebel eine weitere Begegnung von unschätzbarer Nachwirkung. Klees wohnten in Weimar zu jener Zeit am Horn 53, in der Wohnung unterhalb von Hildas Mietzimmer, in dem die Jungvermählten einige Zeit logierten, bis ihre Unterkunft in Berlin-Charlottenburg

Kochel am See, Oberbayern, 1926

Berlin-Charlottenburg, 1926

5 Dur-Pendel, 1924

6 Empor Empor, 1926

bezugsbereit war. Über das erste Zusammentreffen mit dem dreizehn Jahre Älteren weiss Nebel zu berichten: «Klee musterte mich des öfteren verstohlen von der Seite, während er an einer selbstverfertigten Pfeife sog, die aus einem hohlen Hühnerei und einem Stückchen schwarzen Gummischlauches bestand, das das Mundstück mit dem Schmauchkessel verband. Einige Tage später zeigte er mir in seiner Zauberwerkstatt unter anderem einen neuentstandenen Mannskopf mit blauen Augen, der mit meinem Gesicht keine ganz ungewisse Ähnlichkeit aufwies. Wir sahen uns lächelnd an und schwiegen.»[33]

Ähnlich wie Kandinskys Malerei sich nach der Übersiedlung ans Bauhaus 1922 im Sinne einer Geometrisierung der Formen wandelt, und ähnlich wie in Klees Werken nach seiner Berufung nach Weimar 1921 durch die theoretische Systematisierung festere Gefügeordnungen zum Ausdruck kommen, neigt Nebel allmählich zu strengeren Formen und einer stärkeren Massbetontheit. Zunächst ist dies in einigen Gemälden zu erkennen, in denen Quadrate, Kreise, Dreiecke, Linien, auch Rauten, Kreissegmente und Rechteckbalken, nach Gewichten geordnet, als malerische Mittel zueinander in Beziehung gesetzt werden, sich überschneiden und durchdringen: *Dur-Pendel* (Abb. 5), *Empor, empor* (Abb. 6), *Das wohltemperierte Dreieck, Marsysch.* Nebel nannte sie «rhythmische Kompositionen des Ungegenständlich-Statischen»[34]. Sie fallen in die Zeit, in der Kandinskys Buch *Punkt und Linie zu Fläche* (1926) in Künstlerkreisen Diskussionsgespräch gewesen sein muss; einige entstanden gar kurz vor dem Erscheinen jener grundlegenden Schrift, mit der dieser seinen theoretischen *Beitrag zur Analyse der malerischen Elemente* lieferte. Sind uns aus dieser ersten Gruppe auch keine Originale erhalten, kann man doch aus vorhandenen Photographien erkennen, dass Nebel in den späten dreissiger und frühen vierziger Jahren erneut hier anknüpfte, in Werken, in denen die Verwandtschaft mit Kandinsky besonders ausgeprägt ist, vor allem mit dessen sogenannter «architektoralen» und «Kreis»-Periode der Bauhaus-Zeit. Bilder wie *Allegro ma non troppo* (Abb. 7) und *Fröhliches* (Abb. 8) malte Nebel in Jahren, in denen er seinem Mentor zu grosser Dankbarkeit verpflichtet war, da dieser sich für ihn bei der New Yorker Guggenheim-Stiftung einsetzte – wir werden später noch darauf zurückkommen.

7 Allegro ma non troppo, 1936

8 Fröhliches, 1937

9 Bergdorf, 1925

Bayern und Ascona

Mit Marianne von Werefkin, Ascona, 1927

Losone, 1928

Während des Umbruchs am Bauhaus und dessen Übersiedlung nach Dessau war Nebel in einem Bereich tätig, der viel Zeit und Kraft beanspruchte, sich aber dann als wenig lohnend erwies: er beteiligte sich an der Projektierung einer Handdruck-Tapetenfabrik und sollte – den damals vieldiskutierten Bestrebungen für Gesamtkunstwerke entgegenkommend – Tapetenmuster liefern. 1925/1926 hielt er sich mehrere Monate im bayrischen Kochel auf, wo er sich um den Aufbau der Druckpressen kümmerte; ein Schwesterbetrieb wurde im hessischen Haiger geplant, eine Ausweitung, welche für den baldigen Niedergang des nervenzermürbenden Unternehmens verantwortlich wurde. Tröstlich ist lediglich, dass Nebel in Oberbayern am 8. Juli 1926 die «Zuraunung»[35] zu seiner Zwölf-Runen-Fuge *Das Rad der Titanen* vernahm. Ausserdem fand er Musse, mit dem Zeichenstift die Landschaft zu erforschen. Die Zeichnung war für ihn stets Grundlage seiner Malerei: «Bei jedem Maler, der ungegenständlich malt, setze ich das Zeichnen als Ausbildung voraus.»[36] In Kochel entstanden auch einige der miniaturhaften Aquarelle (Abb. 9), die in ihrer heiteren Buntheit und spielerischen Figürlichkeit an gewisse frühe Werke Marc Chagalls erinnern. Das Besondere an ihnen ist ihre Vielansichtigkeit; an allen vier Rändern entlang bewegen sich die Figuren, die Blätter können beliebig gedreht werden. «Die Bilder gehören in Kinderseelen», schreibt Nebel dazu. «Man könnte sie zugriffsicher auf runden Tischchen unter Glas hüten, auf Tischchen, die sich drehen lassen ...»[37]

Nebel war froh, der Hektik Berlins, das in den zwanziger Jahren neben Paris Brennpunkt des europäischen Geisteslebens war, von Zeit zu Zeit entfliehen zu können: «Übrigens machen mich Menschen müde. Und die Stadt macht mich traurig. Ich brauche eben die Landschaft, die heile Schöpfung.»[38] Reisen wurden künftig zu einer «Lebensnotwendigkeit». Im März 1927 zog es Nebels erstmals nach Ascona, wo sie sich bis im September aufhielten. Der Tessiner Ort war damals ein Treffpunkt der Kunstwelt, noch nicht von Touristen[39]. Zu den hier geschlossenen Bekanntschaften gehörte Marianne von Werefkin, die mit Jawlensky und Kandinsky – Russen wie sie – 1909 die «Neue Künstlervereinigung München» gegründet hatte und seit 1918 im Tessin wohnhaft war. Nebel fand in der erfahrenen Kollegin eine willkommene Kritikerin, wurde von ihr auch mit Malmaterial beschenkt. Anlässlich der häufigen Besuche wurden zudem Pläne zur Gründung einer Malschule mit dem Namen «Cavallo rosso» geschmiedet, doch kam es nicht zur Verwirklichung.

Auch den nächsten Sommer verbrachten Nebels im südlichen Ascona. Hilda erteilte Unterricht in der Grunow-Lehre, Nebel widmete sich wieder der Malerei, nachdem er sich während der Wintermonate in Berlin mit schriftstellerischen Arbeiten beschäftigt und die zeichnerische Ausbeute des Aufenthalts im Süden berarbeitet hatte. Der Ort vermochte ihn aber nicht mehr auf die gleiche Art zu fesseln wie im Vorjahr: «Ich hasse dieses Nest Ascona jetzt gründlich.»[40] Er flüchtete einige Zeit nach Ronco hinauf, wo er ein Atelier fand. Erstmals las er nun das Buch von Max Doerner über das *Malmaterial und seine Verwendung im Bilde,* über das Hans Sedlmayr schrieb: «Notwendig – das ist nach Baudelaire das Höchste, was man von einem Werk aussagen kann. Dieses Buch ist notwendig für jeden Maler, mindestens für jeden, der das Handwerk der Malkunst noch ernst nimmt.»[41] Nebel, der ja nie eine Mal-Akademie besucht hatte, der aber jahrelang die künstlerischen Techniken erforschte, war diesem Buch besonders zugetan; immer wieder griff er darauf zurück. Es regte ihn an, die darin aufgeführten «Rezepte» auf ihre Richtigkeit hin zu prüfen. Seine Ergebnisse und Kommentare notierte er am Rande für spätere Verwendung. Eine unmittelbare Folge dieser Lektüre waren die ersten Gouache- und Deckfarbenmalereien. Es entstanden jene farbig-leuchtenden «Ascona-Blätter», in denen wir noch vermehrt Elemente Chagalls erkennen können. Sie knüpfen vor allem an dessen poetisch-visionäre und allegorisch verschlüsselten Frühwerke an, die den Glauben an die Zusammenhänge innerer und äus-

10 Ascona–Ronco, 1927

Marc Chagall: Paris durch das Fenster, 1913

serer Realitäten gleichnishaft bekunden. Mit dem Blatt *Ascona–Ronco* (Abb. 10) vermittelt Nebel zwar die topographischen Gegebenheiten der südlichen Landschaft, doch setzt er den Kopf in Profil rechts in formale und thematische Beziehung zu ihnen, ähnlich beunruhigend und verfremdend wie die Köpfe, die in zahlreichen Gemälden Chagalls auftauchen. Als eines der bekanntesten dieser Art könnte dessen *Paris durch das Fenster* genannt werden (Abb.), das Herwarth Walden 1917 in seiner Schrift *Einblick in Kunst* abgebildet und vermutlich auch in der «Sturm»-Galerie ausgestellt hatte[42], Nebel also bekannt gewesen sein muss. Noch war er auf der Suche nach einer eigenständigen Formensprache, offen gegenüber Einflüssen und neuen Maltechniken, die es auszuschöpfen galt. Wie stark kontrastieren doch diese feurig-bunten, in fein nuancierter Pinselführung gestalteten Landschaftsbilder aus Bayern und Ascona mit den in der nüchterneren Grossstadt Berlin geschaffenen streng gegliederten Kompositionen!

Während der Wintermonate stellte Nebel aber auch diesmal manch Begonnenes erst fertig und wertete Zeichnungen aus. Immer noch nahm er an Dichter- und anderen «Sturm»-Veranstaltungen teil. Doch zeugen seine Tagebucheintragungen von einer zunehmenden Distanzierung von diesem Kreis, um den es allmählich stiller geworden war und dessen Durchschlagskraft von früher gebrochen zu sein schien.

Noch bevor die Koffer für einen neuen Sommeraufenthalt gepackt wurden, besuchten Nebels ihre Freunde in Dessau; im Hause Klee fanden sie Unterkunft. «Die Nähe dieses grossen Künstlers ruft einen eigenartigen seelischen Zustand hervor. Es geht Wärme von ihm aus. Es ist auch fröhlich bei ihm. Es ist frei und einfach beim Meister Klee.»[43]

Wand an Wand mit Klees lebten in den von Gropius errichteten Meisterhäusern Kandinskys – auch hier gab es neue Werke zu besichtigen: «Alles klingt ... Reife wundervolle Kleinode, sehr lebendige Werke des heute 61jährigen Wegbereiters», heisst es im Tagebuch, und nach der Rückkehr nach Berlin notierte er ebenda: «Ich habe manches gelernt in Dessau. Möge uns das Schicksal die Freundschaften der beiden grossen Maler erhalten, die wissen, dass ich auf dem rechten Wege bin und ihnen als ein Eigener niemals Schande bereiten werde.»[44]

Die ersten Mappenwerke

Den Hintergrund der Reihe *Karneval,* einer «erzählenden Folge als freie Gestaltung über einer belanglosen Wirklichkeit»[45], bildet ein Maskenballbesuch vom 9. Februar 1929 in Berlin; sie eröffnet die Gruppe von Mappenwerken, in denen sich der Dichter besonders deutlich dem Maler an die Seite stellt. Hier griff Nebel erstmals zu einer Erzählweise, die er in drei weiteren Folgen jenes Jahres fortsetzte: *Bilder einer Seereise, Von der Azurküste der Normandie* und *Aus Paris mitgebracht.* Der *Karneval* unterscheidet sich von ihnen insofern, als er ein einziges Erlebnis, das Geschehen innerhalb einer begrenzten Zeitspanne von wenigen Stunden, kaleidoskopartig zerteilt. Der Künstler öffnet dem Betrachter verschiedene Fenster und ermöglicht ihm Blicke auf das karnevalistische Treiben (Abb. 11). Die dabei angewandte Farbstifttechnik, über Um-

11 Blatt 21 aus der Reihe «Karneval», 1929

12 Die Nacht steigt auf, aus der Reihe «Von der Azurküste der Normandie», 1929

risszeichnungen in Tinte, hatte er bereits in einigen der «Ascona-Blätter» erprobt. So lässt er die bunt verkleideten, spukhaft maskierten Gestalten an uns vorbeiziehen. Für diesen ersten, 26 Blätter umfassenden Zyklus hat Nebel nicht nach Entsprechungsworten gesucht, wie er es bei den drei «Reiseberichten in Bildern» tat. Für jede der insgesamt hundert Zeichnungen teilte er drei Jahre später in dichterischer Prosa die äusseren und inneren Beweggründe mit, in Texten, die er in sein unveröffentlichtes Buch *Schauen und Lauschen* aufnahm und die einen wichtigen Bestandteil seines schriftstellerischen Werkes bilden [46]. Für die dreissig *Bilder einer Seereise* sind sie zudem die einzigen Zeugnisse – abgesehen von fünf verbliebenen Photographien, da ein Bombenangriff auf Berlin 1943 alle zerstört hat. Man darf annehmen, dass die Illustrationen der Schiffsreise von Hamburg in die Normandie sich formal und farblich kaum wesentlich von dem fast gleichzeitig gestalteten Reihenwerk *Von der Azurküste der Normandie* unterschieden. Diese «Dichtung in Farbformen» – so lautet ihr Untertitel – umfasst vierzig relativ kleinformatige Blätter und berichtet in loser Folge von dem dreimonatigen Aufenthalt im Dorf Groussey bei Carolles-sur-Mer. «Ich arbeite hier leicht und aus Heiterem; viel leichter als in Ascona, selbst leichter als damals in Ronco. Die Gegebenheiten am Meer scheinen die richtigen zu sein.» [47] Zwischen ausgedehnten Spaziergängen und erholsamen Meerbädern bringt er das Geschaute zeichnerisch zu Papier, die Farbgestaltung erfolgte im Spätherbst nach der Rückkehr nach Berlin, wobei ihm wie stets an Ort und Stelle angefertigte Notizen über die Farbwerte die abschliessende Arbeit erleichterten.

13 Rüttelnder Zug, aus der Reihe «Aus Paris mitgebracht», 1929

Die Farbstiftzeichnungen berichten unter anderem vom *Badewetter,* vom *Julimond,* von *Drei Seltsamen unter sich,* vom *Feschen Herr Brunâtre, der Damen fischt* und vom *Meerwunder,* um nur einige der Themen zu nennen. Besonders bestechen die «Nachtstücke» von gedämpfter Tonalität, wie zum Beispiel *Feuerstelle* und *Die Nacht steigt auf* (Abb. 12). Nicht selten erscheinen auch jene fratzenhaften Gesichter, die man vom *Karneval* her kennt. Dazwischen leuchtet die Meerlandschaft, Pflanzliches und Gebäudeteile, alles auf das Wesentliche reduziert, zuweilen zu kristallinen geometrischen Gebilden verhärtet und abstrahiert.

Das Vorgehen wird in den dreissig Blättern, die er auf der Heimreise in der französischen Hauptstadt vom 12. September bis 1. Oktober zeichnete, konsequent weitergeführt. Die Begleittexte hingegen sollten – anders als diejenigen zu den beiden vorigen Reihen – «lehrhaft» sein, sich weniger auf eine Wiederbeschwörung des Erlebnismomentes beschränken und über die Entstehungsanlässe Auskunft geben als vielmehr das zeichnerische Gerüst und die anschliessende Farbgestaltung erläutern. Nebel nimmt darin manches vorweg, was er später in mehreren theoretischen Darlegungen zur Sprache bringt. Eröffnet wird die Paris-Reihe mit dem Blatt *Rüttelnder Zug.* Alles deutet Bewegung an: rollende Räder und Halbkreise in Rechtecke eingespannt, zur Hälfte abgeschnittene Gesichter, Teil einer Ortsnamen-Schrifttafel, Geleise

14 Rummelplatz, aus der Reihe «Aus Paris mitgebracht», 1929

(Abb. 13). «Ein Zug in rasender Fahrt reisst eine wechselnde Fülle von Bruchstücken der Schau mit sich fort», heisst es im entsprechenden Text. Nicht nur die Thematik der pulsierenden Grossstadt, auch deren formale Umsetzung gemahnt an futuristische Gemälde. Ähnlich verhält es sich mit dem Blatt *Vorstädter:* Handwerker eilen zur Untergrundbahn; ragende Telephonmasten und steinernes, graubraunes Pflaster geben die trostlose Stimmung eines Aussenquartiers. Im *Rummelplatz* (Abb. 14) ist das vielfältige Geschehen ebenfalls simultan eingefangen: Schiessstand und Akrobat fehlen sowenig wie die zahlreichen Schaulustigen, aus der Buntheit der Farbtöne meint man Vogelgezwitscher und Drehorgelklang zu vernehmen. Auch in dieser Reihe besteht Einheitlichkeit im Thematischen wie im Formal-Strukturellen. Rechtecke, Quadrate, Dreiecke und Rhomben sind ineinanderverschachtelt, ihr Zusammenspiel evoziert die Vielfalt der Metropole. Am 2. Oktober schreibt Nebel in sein Tagebuch: «Ja, Paris, du Vieldeutige, ich liebe an dir alles,

15 Zwischen Himmel und Erde, aus der Reihe «Aus Paris mitgebracht», 1929

was Leben hat. Ich liebe deine Helligkeiten, deine Gärten, deine Brücken, deine weiten Plätze und deine freien Blickfelder.»[48] Einmal ist die Grundstimmung übermütig, ein andermal geheimnisvoll-märchenhaft, so beim Blatt 26, dem nächtlichen Katzentreffen auf den Dächern, oder mystisch, wie bei Blatt 5, das am Tag entstand, an dem ihn die Nachricht vom Tode seiner Mutter erreichte, welcher Zeichnung er später den Titel *Zwischen Himmel und Erde* gab (Abb. 15). Ein Papierdrachen fliegt an der Koppelleine dahin, Stern, Mond und Astwerk umgeben den Nachdenklichen in der Bildmitte; sein linkes Ohr ist durch eine stilisierte Blume ersetzt, Anspielung auf die unheilbringende Kunde. Ziegelsteine und Vogelperspektive weisen auf eine Dächerlandschaft. Das wachsame «richtende Auge» am rechten Bildrand erhöht die Symbolträchtigkeit, noch einmal stand Chagall hier Pate.

Die Dom-Bilder

Wie wenige Städte bietet Paris seit eh und je unendliche Möglichkeiten, das europäische Kunstgeschehen zu verfolgen. So wird auch Nebel durch Museums- und Galeriebesuche zur Auseinandersetzung herausgefordert und zugleich im eigenen Schaffen bestätigt. Das beglückendste Erlebnis für den noch immer suchenden Künstler und ehemaligen Hochbaufachmann ist jedoch das erstmalige Betreten französischer Kathedralen. Eingehend studiert er die Aufrisse gotischer Wandsysteme, vor allem aber überwältigt ihn die machtvolle Mystik dieser lichtdurchfluteten Innenräume. Dies geht auch aus einem Tagebucheintrag vom 8. September 1930 hervor, als er sich erneut in Paris aufhielt: «Der Dom wirkt diesmal sehr stark auf mich. Seine Höhe, die Wucht der Steinmassen, das Wandhafte und der Farbenreichtum der Fenster. Ich finde eine Stelle, von der aus man die Wirkung von drei Fensterreihen übereinander und die Wirkung einer vierten Fensterwand des hinteren Teiles zusammen empfängt. Schöneres als die Dome hat die Menschheit bisher nicht geschaffen», und er fügt hinzu, dass er «in diesem Geiste» weiterhin malen wolle[49]. Den Auftakt zum Zyklus der Dom-Bilder, der vorwiegend aus grossformatigen Ölgemälden besteht und eine der schönsten und eigenständigsten Werkgruppen seines Schaffens ist, bildet Blatt 19 des Mappenwerks *Aus Paris mitgebracht* (Abb. 16). Die gesamte spätere Dom-Malerei soll aber bereits im *Dom der Himmelsleitern* «keimhaft beschlossen» gewesen sein, einem Werk, das zur gleichen Zeit entstanden sein muss wie seine die Lichtmacht im Menschen besingende Schrift *Das Wesentliche* und die vier Runen-Fahnen zum *Unfeig,* als die Auseinandersetzung mit der Grunow-Lehre ihre ersten Früchte trug. Der Künstler berichtet, dass das den Kriegswirren zum Opfer gefallene Bild von 1924 ein «reiches lotrechtes Sinngefüge aus unterschiedlich gegliederten Stufenleitern» gezeigt habe, «eine überwirkliche geheimnisvolle erleuchtete Domhalle, die das Emporgetragensein fühlbar machte»[50]. Eingeschmiedet in das aufstrebende Bildgerüst waren einige Buchstaben – «die Runen des Wesentlichen».
Das Bedeutende an der Begegnung mit der Pariser Notre-Dame und der Kathedrale von Chartres lag somit in der Bestätigung dessen, was Nebel bereits geahnt hatte. Mit seiner Reihe von Dom-Bildern schuf er einen substantiellen Beitrag zu einem von zahlreichen Künstlern belieferten Motivkreis, ohne sich an fremde Vorbilder angelehnt zu haben. Der Thematik wäre eine eigene ikonographische Untersuchung zu widmen; Donat de Chapeaurouge hat es in Ansätzen versucht[51]. Er un-

16 Im hellen Dom, aus der Reihe «Aus Paris mitgebracht», 1929

terscheidet zwischen topographisch genauen, in der Tradition der Stadtveduten stehenden Kathedralendarstellungen und jenen, die antizipierenden Charakter tragen und entweder unfertige Bauten im erhofften Vollendungszustand oder aber reine Phantasiegebilde zeigen. Rezeptionsgeschichtlich reicht das Motiv in das beginnende neunzehnte Jahrhundert zurück, als die Sehnsucht nach Erneuerung der Kultur die Gemüter bewegte. Während hinter Caspar David Friedrichs Bildern mit ihren der Verwahrlosung anheimfallenden Bauwerken wie dem *Meissener Dom* oder der *Jacobikirche in Greifswald* ein resignierter Vergänglichkeitsglaube liegt, bekunden Schinkels idealisierende gotische Architekturphantasien, wie Werner Hofmann feststellt[52], den Traum einer «hierarchisch-gemeinschaftlichen Weltordnung». Sie nehmen die Vorstellungen und Bestrebungen eines Ruskin oder William Morris vorweg, die weniger die Formen gotischer Kathedralen propagierten als vielmehr die Vision eines Gesamtkunstwerks zum Vorbild transzendierten, so wie es die

16a Chartres I, aus der K-Mappe (Kirchen, Kapellen, Kathedralen), 1930

mittelalterlichen Gotteshäuser verkörperten, die Kathedrale als «Bau des Volkes».

Die Künstler des Bauhauses stützten sich bewusst auf die weltanschaulichen Grundlagen des «Gothic Revival» Morris'scher Prägung. Als Signet des Bauhaus-Manifestes von 1919 diente ein Holzschnitt Feiningers: ein Münster, bekrönt von drei Sternen. Der Titel *Die Kathedrale des Sozialismus* (Abb.) sollte den Sinn der Bauhaus-Ideale zum Ausdruck bringen, die romantische Vorstellung mittelalterlicher Bauhütten im Maschinenzeitalter neu belebt werden. Wie anders war wiederum die Beziehung der impressionistischen Maler zur Kathedralbaukunst! Man denke an Monets schimmernde Lichteffektstudien der Fassade der Kathedrale von Rouen, für die er sich im Gebäude gegenüber einquartierte und je nach Veränderung des Lichtes die Leinwand auf der Staffelei auswechselte[53].

Nebels Kathedralschau jedoch vollzieht sich ausschliesslich im Innenraum. Im Unterschied zu den Aussenseiten mit ihren «Spukbildern, Schreckfratzen, Wasserspeiern und Dachdrachen» empfand er hier nichts «Weltliches», sondern die «grosse geistige Ordnung»[54]. Das durch die bunten Glasfenster hereinströmende Licht scheint die Körperhaftigkeit der Steinmassen gemildert zu haben. Auguste Rodin hatte 1914 seinem hymnischen Buch über die französischen Kathedralen die Worte vorangestellt: «Die Kathedralen rufen ein Gefühl von Zuversicht, Vertrauen, Frieden hervor. Wodurch? Durch ihre Harmonie.»[55] Diese Ausgewogenheit ist es auch, das Spiel der Licht- und Schattenzonen, die zufällig herausgegriffenen Durchblicke, eingespannt in die riesigen Dimensionen der Steinquaderpfeiler, die Nebels Dom-Bildern ihren besonderen Reiz verleihen. Formal zeigt es sich in einer Vielzahl von tektonischen Waag- und Senkrechten, Arkaden, Orgelpfeifen, Masswerkfenstern und Strebepfeilern, die in ein harmonisch gegliedertes zweidimensionales Liniengefüge umgesetzt sind. Wie stets dienten die vorbereitenden, in situ oder unter dem unmittelbaren Eindruck angefertigten Zeichnungen (Abb. 16a) als Vorlagen für die später entstandenen und stets neu abgewandelten grossen Leinwände. Das Blau und Rot hochgotischer Glasgemälde bestimmen die Farbigkeit. Die Abstraktion von der geschauten und erlebten Realität vollzieht sich hier unter der Hand eines architektonisch geschulten und dichterisch besaiteten Künstlers auf eine Weise, die sich nicht auf eine Auseinandersetzung mit den gemalten Architekturen eines Delaunay, Gleizes oder Feininger zurückführen

Lyonel Feininger:
Die Kathedrale des Sozialismus, 1919

lässt. Die orphische Licht-Malerei mag ihm zwar das Licht als «stilbildende Macht» [56] gezeigt haben. Doch wie ganz anders, völlig verschiedener Intention verpflichtet sind Delaunays *St-Séverin*-Interieurs (Abb.) mit ihren «deformierten» Vertikalen! Ihnen war ein Otto Morach in seinen Innenräumen norddeutscher Dome weit mehr verpflichtet (Abb.), obwohl sie von einem Nebels Auffassung vergleichbaren religiösen Bekenntnis geprägt sind. Albert Gleizes wiederum, der in seinen Architektur-Bildern den Zeitfaktor miteinbezog, hatte das Problem der «Vielansichtigkeit» wesentlich anders als später Nebel gelöst, auch wenn dieser die kunsttheoretischen Schriften und die Bilder von Gleizes als Beginn einer Kunst der Fuge in der Malerei ausdrücklich schätzte. Nebel geht es auch nicht um eine «Verklärung des Lichts» oder um eine Entmaterialisierung des Steins, wie es besonders das Anliegen Feiningers am Bauhaus gewesen sein muss. In dessen Gemälden von *Gelmeroda* oder *Teltow* (Abb.) «bringt jede Form ihre Gegenform, jede Farbe ihr Echo zum Klingen ... Die Schwingungen, die die festen geometrischen Formen in ihrem Gegenspiel herstellen, bewirken eine statische Harmonie, die bei aller Ruhe in Bewegung bleibt.» [57]
Eine Dynamik und metaphysisch wirkende, atmosphärische Transparenz entstehen, die bei Nebel der Festigkeit und klar umgrenztem Gleichgewicht weichen, wobei hier jeder Bauteil nicht nur eine statische Funktion erfüllt, sondern zum Symbolträger wird. In den Pfeilerlinien unterscheidet Nebel zwei Arten: die einen betonen die Lotrechte, die Fallrichtung,

Robert Delaunay: St-Séverin, 1909

Otto Morach: Im Dom, 1919

und entsprechen «dem Einströmen übersinnlicher Kräfte aus der geistigen Welt in die Seele des Erweckten», wie der Künstler sagt [58], die anderen betonen das «Empordringen» und entsprechen dem «Sich-Aufrichten, dem Aufrichtigsein» des Empfängers jener Kräfte. Die Buntheit der Fenster, die das «Erleuchtetsein des menschlichen Verstandes» versinnbildlichen, ist ganz im Sinne von Nebels Auffassung von Farbe als dem erhellenden Licht – wir werden später noch auf diesen Aspekt zu sprechen kommen müssen [59].
Es freute ihn aber ein Brief Feiningers, der im Sommer 1930 zusammen mit ihm, Jawlensky, Klee und vielen anderen Werke in der Galerie Möller in Berlin ausstellte: «Der grosse Künstler Lyonel Feininger hat mir Lobendes über mein Dombild geschrieben. Innigen Dank!» [60]
Auch die Presse hat das gezeigte Kathedralenbild (Abb. 18) lobend erwähnt [61].
Der Entschluss, die Reihe fortzusetzen, fällt durch solche Ermunterungen leicht. Sogleich nimmt er weitere ähnliche Gemälde in Angriff: *Die blaue Halle* (Abb. 19), *Die hohen Nischen* (Abb. 20), *Das rote Seitenschiff* (Abb. 17), *Der Turm* (Abb. 21). Viele dieser frühen Dom-Bilder haben später eine Umgestaltung erfahren; jene, die dem Krieg zum Opfer gefallen sind, hat der Künstler in den vierziger Jahren zum Teil neu konzipiert. Unter dem Einfluss der «Neuen Kirche», zu der er über die Lektüre der Werke von Emanuel Swedenborg und in persönlicher und zeitgeschichtlicher Bedrängnis gestossen war, wandte er sich damals wiederum intensiv dem Themenkreis zu.

Lyonel Feininger: Gelmeroda IX, 1926

17 Das rote Seitenschiff, 1930

18 Die Kathedrale, 1930

19 Die blaue Halle, 1930/1941

20 Die hohen Nischen, 1930/1941–42

21 Der Turm, 1930/1941–42

Zur Vielfalt der künstlerischen Ausdrucksweisen und Techniken

Nebels Kunst lässt sich zu keinem Zeitpunkt auf einen einheitlichen Nenner bringen, was eine konsequente chronologische Aneinanderreihung gewisser Stilmerkmale erschwert. Sein Credo hat er seinem Tagebuch anvertraut: «Ich muss dabei bleiben, meine Kunst *mehrgleisig* zu entwickeln! Dem Engstirnigen entspringt und entspricht das Einseitige.»[62] Der breite Fächer, den eine solche «Mehrgleisigkeit» zur Folge hat, trug vermutlich mit dazu bei, dass Nebel die oft ungeduldig herbeigesehnte Anerkennung so lange versagt blieb. Aber dank seines unbeirrbaren Ausharrens und Glaubens, auf dem richtigen Weg zu sein, den Stimmen zum Trotz, die ihm, ohne die gesamte Breite dieses Lebenswerks zu kennen, den Stempel eines Kandinsky- oder Klee-Epigonen aufdrückten, konnte er diesen Fächer offen halten. Nicht Unsicherheit war es, die ihn, oft gleichzeitig, zu mehreren Techniken und Stilrichtungen verlockte, sondern der bewusste Versuch, «Einseitigkeit» zu vermeiden. Und es war stets der Dichter im Maler, der sich an einem Tag mit einer Hymne oder einem Sonett beschäftigte, am nächsten mit einem Spottgedicht, der sich zum Drama wie zur Satire berufen fühlte.

In diesem Sinne war es möglich, dass zur selben Zeit, in der er die Dom-Bilder schuf, die Serie *Pfaffen, ein Heidenspass in Schwarz auf Weiss* entstehen konnte (Abb. 22). Jede dieser dreissig bissig-satirischen Zeichnungen in Tusche und Deckweissfarbe trägt die Unterschrift: «Wider die Feinde der wah-

22 Vier Blätter aus «Pfaffen (Ein Heidenspass in Schwarz auf Weiss)», 1931

23 Zur Dichtung «Zuginsfeld», 1930

ren christlichen Lehre!» Die Komik erweist sich als eine nur scheinbare, denn es ist ein Angriff auf die Verfallserscheinungen im beginnenden Hitlerdeutschland. Wie gefährlich und vernichtend seine darin ausgesprochene bildliche Kritik am herannahenden Unheil war, zeigt die Tatsache, dass Freunde, die das Reihenwerk später bei sich in Obhut nahmen, bevor es wieder zu Nebel nach Bern gelangte, sämtliche vorkommenden Hakenkreuze vorübergehend übertünchen mussten, um den Bildinhalt zu entschärfen, für den Fall, dass die Zeichnungen in falsche Hände gelangten.

Noch vor den Pfaffen-Werken entstanden 1930 die fünfzig Illustrationen zur *Zuginsfeld*-Dichtung, von der eingangs die Rede war. Es sind ebenfalls Schwarz-Weiss-Arbeiten, die in entlarvender Offenheit diese «Kampfschrift gegen die imperialistische Barbarei des wilhelminischen Deutschland»[63] begleiten sollten (Abb. 23). Vergleichbare bissige Kommentare zum Zeitgeschehen und zur persönlichen Umwelt sind hin und wieder in Nebels zeichnerischem Werk, auf Einzelblättern oder in seinen Skizzenheften, anzutreffen, sie fügen sich bekenntnisähnlich in sein Gesamtschaffen.

Eine andere Ausdrucksweise, die gleichfalls von der Schwarz-Weiss-Tonalität geprägt ist, fand Nebel in der bei den deutschen Expressionisten so beliebten und von ihnen zu neuem Leben erweckten Schnittkunst. Linoldrucken von seiner Hand begegnen wir zwar da und dort zerstreut in der «Sturm»-Zeitschrift der frühen zwanziger Jahre, doch wendet er sich dieser Technik erst 1936 intensiv zu; sie stellte fortan einen wesentlichen Bestandteil seiner Tätigkeit dar. Dabei kamen ihm die Druckkenntnisse, die er sich während seiner Arbeit für die Tapetenfabrik in Bayern erworben hatte, zugute. In der Linolschnittechnik, wie den graphischen Künsten überhaupt, findet das zeichnerische Element, das, wie wir wissen, für Nebel so bedeutsam war, adäquaten Ausdruck; die mit dem Messer scharf umrissenen Linien bekamen ihre unverrückbare Gültigkeit. Bei Verwendung mehrerer Druckstöcke war eine Tiefenwirkung,

24 (Linolschnitt), 1963

zugleich auch die Mehrfarbigkeit zu erzielen. Denn der Farbe konnte Nebel auch bei den Linoldrucken nicht immer entbehren, machte sie es doch möglich, der flächigen Schwarz-Weiss-Kunst zusätzliche Aussagekraft zu verleihen; zahlreiche Glückwunschkarten und kostbare Buchillustrationen[64] geben davon Zeugnis. Zuweilen wurden die «Reproduktionen» auch sorgfältig von Hand bemalt und zu sprechenden «Originalen» erhoben (Abb. 24).
Eröffnet wird Nebels neuere Druckgraphik durch das «7-Reihen-Werk» *Gastgeschenk in Schwarz-Weiss,* eine geschlossene Serie von 210 miniaturformatigen Linolschnitten aus dem Jahre 1936, die den Formenschatz seines bisherigen Schaffens summarisch vereinigt. Ausser den Kathedralen finden wir Häusergruppen aus ineinandergeschachtelten Kuben, kristalline Formgebilde, marionettenhafte skurrile Gestalten, Pflanzliches, Tiere und Porträts, wie auch rein abstrakte Konfigurationen, in denen die kontrastierenden Flächen zueinander ins Gleichgewicht gebracht sind (Abb. 25). Alle Motive wiederholen das in den farbigen und zeichnerischen Blättern und Gemälden vorgestellte bisherige Repertoire, dem wir uns noch zuwenden werden, und sie ebnen den Weg für das künftige Werk. Innerhalb der Druckgraphik bediente sich Nebel später auch einige wenige Male der Radierung und der Zinkätzung, zuletzt auch der Serigraphie. Aber einzig der Linolschnitt begleitet sein Schaffen konsequent, er bietet sowohl im gegenstandsbezogenen wie im ungegenständlichen Bereich eine seine ohnehin variationsreiche Ver-

25 Sechs Blätter aus «Gastgeschenk in Schwarz-Weiss», 1936

26 (Klebebild), 1963

fahrensskala erweiternde Ausdrucksmöglichkeit.
Der Techniken, in denen sich Nebel versuchte, gibt es zu viele, als dass wir uns ihnen hier erschöpfend widmen können. Man denke nur an die beträchtliche Anzahl von Collagen, im Werkverzeichnis vom Künstler als «Kb.» bezeichnet, was sowohl für Klebebild als auch für Kostbarkeit und Kleinbild stehen könne. Er verwendete Papierschnitzel, zuweilen Tapetenreste eigener Herstellung, und Stoffstücke in Verbindung mit Farben und Tusche. Gelegentlich zerschnitt er überzählige Linoldrucke und bezog die Bruchstücke in die meist kleinformatigen, durchwegs ungegenständlichen Kompositionen mit ein (Abb. 26).
Vereinzelte, an dadaistische «Objets trouvés» gemahnende Plastiken (die meisten sind zerstört) sowie die Hinterglasmalereien bilden je eine eigene Werkgruppe. Weiter ist an seine Mosaikkunst zu erinnern, für die ihm Ravenna die Augen öffnete. Diese «Fugenkunst» im wahrsten Sinne wollte er sich ebenfalls aneignen, über Jahre hinweg befasste er sich damit. Mehrere Aufträge, insbesondere für Mosaiktische, wurden ihm zuteil. Nicht nur bunte leuchtende Steine, die er sich aus Venedig und Ravenna beschaffte, fanden dabei Verwendung, auch Natursteine aus einer selbstangelegten, auf Wanderungen angereicherten Sammlung. Die Zementfundierung besorgte er selbst, lediglich zum abschliessenden Schleifen brachte er die Arbeiten in eine entsprechende Werkstätte.
Die Mosaikkunst betrieb er des öftern auch zweidimensional, indem er

27 Römische Köpfe, 1931

die «Steine» mit dem Pinsel aneinanderfügte (Abb. 27). Perfektion strebte Nebel vor allem in den malerischen Techniken an, da war ihm keine Mühe zuviel. In seinem Nachlass findet man eine grosse Menge von Schablonen aus Karton und Metall, Drahtgeflechte und Spitzenstoffstücke. Ihrer bediente er sich häufig bei der Bearbeitung von Grundierungen ungegenständlicher Bildblätter. Mit einem Spritzverfahren sprühte er

28 Grünblaue Bastei, 1930

die meist zarten, hellen Farben über die gestanzten oder ausgeschnittenen Formen hinweg. Er «baute» seine Bilder – nichts überliess er dem Zufall.
Anlässlich eines Paris-Aufenthalts auf der Durchreise (Sommer 1930) nach Guéthary im französischen Baskenland, einer malerischen Gegend, die zuvor auch Klee und Kandinsky aufgesucht hatten, besichtigte Nebel eine Signac-Ausstellung und entdeckte für sich den «Punktschleier-Stil»: «Ich sehe eine neue Sinnform des Anwendens solcher Tupfensetzung von reinen Farbtönen, die nicht an Gegenständliches gebunden sind.» [65] Während der Wochen am Meer widmet er sich zwar vorwiegend dem Schreiben. In seinem Text *Worte zur geistigen Malerei* versuchte er sich der Lösung der «Kernfragen nach den Zusammenhängen von Raum, Licht und Farbe, bzw. deren Erscheinung» zu nähern [66]. Die bei dem Pointillisten entdeckte Arbeitsweise des Aneinanderfügens unzähliger einzelner Punkte lässt den unermüdlich Tätigen aber nicht in Ruhe. In dem sogenannten «Federstrichverfahren» einiger Zeichnungen und Gouachemalereien von Ascona war das mühevolle Vorgehen in Ansätzen vorbereitet, jetzt erhält es neue Impulse. Am 3. August schreibt er an Kurt Liebmann: «Diese Wasserfarben-Malereien sind in einer Federstrich-Technik gearbeitet, welche sehr mühsam war, aber dafür auch sehr differenziert ist ... In diesen Miniaturen ist das Menschenmögliche getan, um den Schein zum Widerschein und Vorschein zu bringen, auf dass er weiterschwinge im Beschauer. Das Licht dieses atlantischen Südens ist anders nicht zu fangen. Seiner Intensität entspricht allein und überhaupt erst eine letztmögliche Erarbeitung einer Intensivierungsfaktur der Bildfläche, welche über das Gebiet eines jeden Quadratzentimeters ein 10- bis 20faches Strichgeflecht legt.» [67] Leider sind nur wenige Arbeiten von damals erhalten geblieben (Abb. 28), doch wird ihn diese «Vielschichten-Farbgebung», die, wie er sagt, «etwa dem Weben eines kostbaren Königsmantels entspricht, der dreissig Seidenfaser-Lagen bekommen soll» [68], fortan immer wieder in ihren Bann ziehen.
Der Bildfläche pastoses Relief zu verleihen, versprach die Beimischung von Sand zur Farbe, ein Verfahren, mit dem bereits um 1912 Picasso und andere Kubisten experimentiert hatten. Nebel erreichte mit der so erzielten Körnigkeit ähnliche Wirkungen wie mit dem «Punktschleierstil» und dem «Federstrichverfahren» und kam dadurch den Vorstellungen der Neoimpressionisten nahe [69]. Signac hatte erklärt, das Ziel der prismatischen Farbzerlegung bestehe darin, der Farbe höchstmöglichen Glanz zu geben, durch Mischung der nebeneinandergesetzten Farbteile im Auge farbiges Licht zu erzeugen – den Licht- und Farbenglanz der Natur. Auch Klee hatte über Seurat zu seiner divisionistischen Malweise gefunden, die 1932 in *Ad Parnassum* kulminieren sollte [70]. Doch Nebel sah im pointillistischen Farbauftrag nicht ein Mittel, das Naturgeschehen im Spiel von Lichteinwirkungen nachzubilden, vielmehr bot er ihm die Möglichkeit, seinen Bildern das von ihm stets angestrebte «lufträumige» Element zu verleihen, das seiner theoretisch dargelegten Überzeugung von der Gleichsetzung von Farbe mit «geistigem Licht» entsprach und dem wir auch in seinen späteren, vom Gegenständlichen völlig abgewandten Werken begegnen.

Farben-Atlas von Italien

Farbe und Lichteinwirkung spielen auch während des Italienaufenthalts im folgenden Jahr (1931) eine vorrangige Rolle. Über Tirol gelangt Nebel in Begleitung seiner Frau, nach Zwischenhalten in Verona, Bologna und Florenz, am 16. Oktober nach Rom. Überwältigt von farbigen Eindrücken regt sich in ihm der Wunsch, ein «Überblick-Werk» zu schaffen, «in dem die Lichter und Farben der Reise gen Süden (nach ihren Gewichten geordnet) gespiegelt sein sollten: die Klänge der Städte, der Mauern, der Bauten, der Felder, der Felsen, der Lüfte, der Wolken.»[71] Ganz Italien will er auf diese Weise «erobern». Bereits am 27. Oktober notiert er: «Es erweist sich schon jetzt, dass diese Art, die Lichtwerte eines Landes festzuhalten, bei weitem sinnvoller und schöpferisch-zukünftiger ist als jede andere.»[72] In dem so entstandenen *Farben-Atlas von Italien* hält er die Lichterlebnisse zu verschiedenen Tageszeiten fest, er notiert sich die Tonabstufungen und bringt die entsprechenden Farbwerte zu Papier. Das Ganze wird zu einem protokollartigen Erlebnisbericht der Farbenwelt Italiens. «Auf 24 Tafeln sind rund 1300 Farben und Lichter, Klänge und Tönungen der italienischen Landschaft und ihres Luftraumes untersucht worden ..., jede der Tafeln zeigt eine in sich geschlossene Übersichtsordnung von prüfsam dargestellten Farbwerten. Die Grössen der Farbgevierte, -rechtecke und sonstigen Flächenformen deuten dabei die Mengen-Vorkommen an und sind als Gewichte zu werten. Sie lassen erkennen, in welchen Verhältnissen die einzelnen Farben und Lichter auf jeder Tafel mengenmässig zueinander stehen, und in welcher Weise sich dem Betrachter einer bestimmten Landschaft oder Stadt deren kennzeichnende Farben eingeprägt haben.»[73] So sind zum Beispiel auf Tafel VI (Abb. 29) die warmen Ockerfarben Roms zusammengestellt, Eindrücke des Stadtbildes bei Tageslicht. Die nächste Tafel gibt die Grauwerte der verschiedenen Mauerflächen dieser Stadt wieder. In Neapel sind es die gelblichen Häuseranstriche und die Brechungen dieser Farbwerte, die auf Tafel XI in Quadrat- und Rechteckfeldern aneinandergefügt werden. Desgleichen bei höherem Sonnenstand auf Tafel XII, wo ihnen jedoch das Blau des Mittelmeeres und des Novemberhimmels in einer Kreisform gegenübergestellt wird. Den Buchten von Neapel und Salerno gilt Tafel XIII. Sie gibt die verschiedensten Blau- und Grauwerte des Meeres, das Grün der Algen und dazwischen die fernen Inseln im Lichtdunst wieder. Auch Einzelheiten prägt sich der Künstler ein: «Die Schaf- und Ziegenherden, die Eselwagen mit ihren bemalten Rädern und geschnitzten bunten Deichseln,

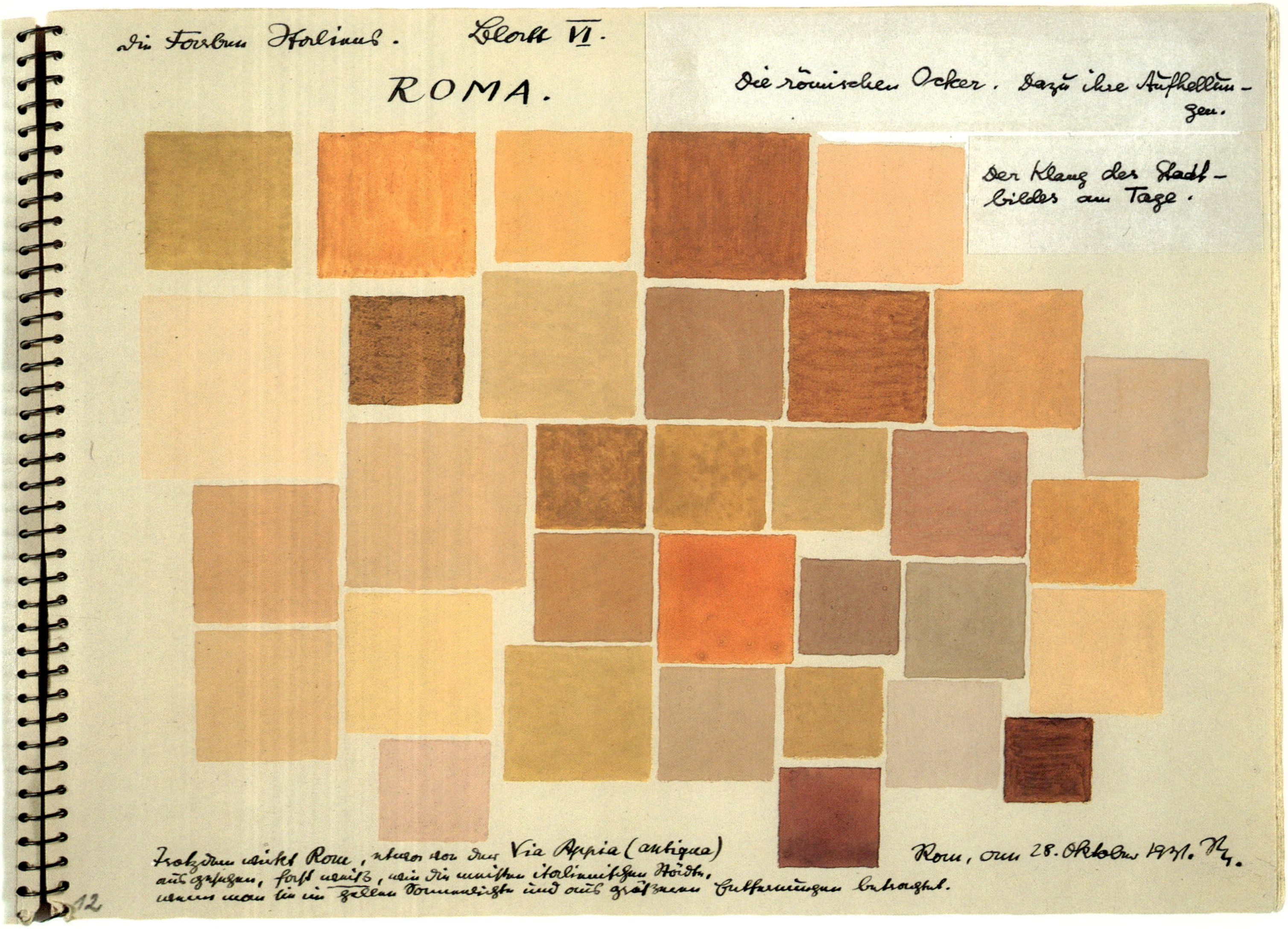

29 Rom. Tafel VI, Farben-Atlas von Italien, 1931

die grossen schweren Pferdegeschirre und die gewaltigen Karren, auf denen hoch oben die Männer thronen.»[74]
Beim Anblick des Vesuv (Abb. 30) hat er versucht, die Abstufungen der Schichten von Gesteins- und Lavamassen bis zur schwefelgelben Färbung der Krateröffnung anzudeuten. Die Orte an der ligurischen Küste – Ruta, Rapallo, Camogli u. a. – sind im Dezemberlicht von besonderem Reiz. Auch die Anstriche der Fischerkähne und Segelboote werden mit 45 Farbeinträgen in den Atlas aufgenommen. Aufschlussreich sind im weiteren Beobachtungen farbiger Schatten, wie er sie in Camogli an-

30 Der Vesuv. Tafel XV, Farben-Atlas von Italien, 1931

gestellt hat. Die Schattenfärbungen ändern sich je nach Anstrich der Häuser. «Besonders reizvoll wird das Spiel, sobald sich schattenspendende Gestalten vor zwei oder mehr unterschiedlich getönten Flächen bewegen. Ein Hund, der an der langen Uferstrasse entlanglief, wechselte fortwährend die Farbe seines Schattens.»[75] Schon Goethe hat in seiner Farbenlehre in den Abschnitten 62–80 die Erkenntnis festgehalten, dass für den Wechsel der Tönung nicht die Änderung der Luftverhältnisse verantwortlich zu machen sei, sondern «man beobachte nur, mit welcher Farbe die helle Fläche, worauf sie (die Schatten) erscheinen,

31 Siena III, 1932

etwa tingiert sein möchte. Ja, man kann die Farbe des Schattens als ein Chromatoskop der beleuchteten Flächen ansehen, indem man die der Farbe des Schattens entgegenstehende Farbe auf der Fläche vermuten und bei näherer Aufmerksamkeit in jedem Falle gewahr werden kann.»[76] Was Goethe anhand einiger Versuche mit Kerze und Papier wissenschaftlich zu erklären versucht, hat bei Nebel aufgrund von Naturbeobachtungen praktische Anwendung gefunden, indem er die sich je nach Lichtverhältnissen wandelnden Schatten vor unterschiedlichen Hintergründen mit dem Pinsel zu Papier brachte.

Es könnte mit der Aufzählung von zahlreichen weiteren Beobachtungen der Farben von Städten, Landschaften, Häuserwänden und Olivenhainen, von Gebirgszügen und Meeresküsten fortgefahren werden. Die Bedeutung des *Farben-Atlas von Italien* liegt jedoch weniger in den äusserst anschaulich zusammengestellten Tafeln als in deren Auswertung in späteren Malereien. Es handelt sich nicht um eine Farbenlehre – die Abstraktheit der Untersuchung entspricht eher gewissen Bestrebungen Nebels in den Runendichtungen[77].

Mit diesem Kompendium schuf der Künstler ein «Merkbuch», eine praktische «Arbeitshilfe», gedacht für sich selbst und für Malschüler[78]. Zur Veranschaulichung einige Beispiele von Blättern, die unter dem Einfluss der Eindrücke aus Italien entstanden sind: Bei *Siena III* (Abb. 31) ist die Farbe – gemäss Farben-Atlas – vom Rot der gebrannten Erde der Backsteine bestimmt worden. Nebels Pa-

32 Toscanische Stadt, 1932

lette gibt die Abstufungen – von Hellrosa bis Rostrot mit all ihren Tönungen. Er deutet die Rustika durch klare Trennlinien an, ähnlich wie wir es von den Dom-Bildern her kennen. Die Steinquadern bilden indes lediglich die Rahmung, die Mitte des Blattes nehmen sechs bemalte Papierstreifen ein. Sie sind aus einer früheren Farbstudie herausgeschnitten und in neuer Reihenfolge nebeneinandergeklebt. Der ursprüngliche Bezug zu einer gegenständlichen Vorlage entfällt: Dass es sich um einen Ausschnitt einer Vedute handeln muss, lässt sich aus vereinzelten Giebeln, Kranzgesimsen, Loggien und mosaikhaften Wandverzierungen erkennen. Es lag Nebel aber weniger an einer Wiedergabe des Stadtbildes, er wollte vielmehr die sienesische gedämpfte, erdige Farbigkeit, in der das Rötliche dominiert, vermitteln. Das gleiche gilt für das Blatt *Toscanische Stadt* (Abb. 32), für Nebel selbst ein Musterbeispiel der «Kunst der Fuge in der Malerei»[79]. Hier sind die vorherrschenden Farben Blau und Grau in ein Netz von geometrischen Grundelementen, unterteilt durch roströtliche Trennungslinien, gebettet. Die Rundbogen allein stellen noch einen Realitätsbezug her und machen den Titel plausibel. In Genua entstand das Blatt *Genuesisch* (Abb. 33). Der Grundton entstammt den Farbwerten winterlicher Regenluft, der Ufermauern, des Hafenwassers. Allusionen an das gegenständliche Motiv sind Schiffsmaste, Bullaugen und Steinquadern. Schwarze Trennlinien gliedern die Komposition mit ihrer Verschachtelung von bräunlichen, rötlichen, grünen und blauen Farbflächen.

33 Genuesisch, 1931

So bereichernd das Italien-Erlebnis für Nebel war, so unerbittlich schritt in Deutschland nun das Unheil und damit auch die Feindseligkeit gegen abstrakte Künstler voran. Schon im Januar 1931 hatte Nebel sich im Tagebuch erstmals über die Zustände in Berlin beklagt: «Ich muss mit Hilda den Gefahren entkommen. Wir werden das Land früh genug verlassen.»[80] Die Lage hatte sich während seiner Abwesenheit noch verschlimmert, und er erwog bei seiner Rückkehr erneut den Wegzug. «Es ist sehr schwer, das Richtige zu beschliessen in dieser Sache. Immerhin packen wir doch aus und richten uns wieder ein.»[81] Ende März 1932 schrieb er: «Die Arbeit in Deutschland, in Berlin besonders, wird von Tag zu Tag schwieriger und sinnärmer. Von den nächsten Jahren ist nichts zu erhoffen für die geistige Kunst, also auch nicht für mein Werk ...»[82]

Vor der Emigration

Nicht nur inneren Belastungen waren die Künstler ausgesetzt, auch finanziell bestand wenig Hoffnung. Nebel selbst übertünchte – als eine «Not-Sparmassnahme» – alte Leinwände, um aufs neue für sie Verwendung zu finden, was mit ein Grund ist, dass aus den frühesten Schaffensjahren nur wenige Ölgemälde erhalten geblieben sind. Auch auf das Reisen ins Ausland musste er 1932 verzichten. Aufenthaltsort des Sommers ist Gollwitz auf der Insel Poel in der Ostsee. Er nimmt hier das «Punktschleier»- und «Federstrich»-Verfahren, wie er es in den Farbstiftzeichnungen und Aquarellen in Frankreich begonnen hatte, wieder auf und verbindet es mit den Erkenntnissen aus Italien. Dem Blatt *Ostseestadt* (Abb. 34), aus dem Backsteinrot der «Wismar-Gotik» und dem Küstenlicht des Nordens entwickelt, verleihen die unzähligen Farbschichten einzelner «Federstriche» in Wasserfarben das Atmosphärische. Ähnliches wird in der Leinwand *Märkische Mühle* (Abb. 35) durch pastosen Farbauftrag und dem Harzöl beigefügten Sand erzielt, wodurch die strenge geometrische Gliederung der Landschaft aufgelockert wird.

Auf der Insel Poel entstand auch *Ottilia* (Abb. 36), ein Frauenbildnis, das von zwei dunklen Umrisslinien bestimmt wird. Die eine umschreibt die Halslinie, das Profil und die Kalotte, die andere zieht einen ovalen Kreis nimbusartig um den Kopf und endet in einem mandelförmigen Auge. Die Farbe ist auch hier vielschichtig mit höchster Sorgfalt aufgetragen, gedämpfte Rot- und Brauntöne entrücken das Porträt ins Märchenhafte. Ähnlichen überwirklichen, visionären Köpfen begegnet man inskünftig bei Nebel immer wieder: *Fräulein Unbekannt, Der Seher* und *Gekröntes Haupt* sind Beispiele dieser Kategorie.

Der anschliessende mehrmonatige Aufenthalt in Oberbayern veranlasste Nebel, sich erstmals der Hinterglasmalerei zuzuwenden. Diese allmählich aussterbende, typisch bayrische Volkskunst hatte während der Murnauer Zeit auch die Künstler des «Blauen Reiters» in ihren Bann gezogen, mehrere Arbeiten Kandinskys und Marcs, vor allem aber Gabriele Münters geben davon Zeugnis. Die vorwiegend figürlichen Motive entnahm Nebel der Fülle von Zeichnungen, die er auf Streifzügen durch die bayrische Landschaft in seine Hefte eingetragen hatte und die er später mit Feder und Tinte nachzog. Mit schwarzem Lack hielt er die zeichnerischen Umrisse auf der Glasplatte fest, von klarer einfacher Farbigkeit – in Öl – sind die Füllflächen. Die Themen entstammen dem bäuerlichen Alltag: *Bauern aus Kochel, Der Holzhacker* (Abb. 37), *Im Pferdestall* usw. Die Herbheit und Rustikalität dieser

34 Ostseestadt, 1932

Arbeiten zeigen einen völlig neuen, der luftigen Buntheit der vorangegangenen Werke entgegengesetzten Zug in Nebels Œuvre, der aber nur in gewissen zeichnerischen Arbeiten weiterleben wird. Die spätere Reihe von Hinterglasmalereien, ungegenständlicher Art (Abb. 38), wird farbig differenzierter und musikalisch bewegt sein, hat also mit jenen «bayrischen» nur das Medium gemeinsam.
Dass der Natureindruck während der Monate in Bayern dominierte, bekundet auch das Blatt *Reh im Ried* (Abb. 39). Das verschüchterte Reh zwischen Halmen und Gezweig – Rötlich und Braun herrschen vor – entstand nach einem Besuch in Ried bei Maria Marc, der Witwe von Franz Marc, die Nebels von früher her kannten und der Hilda in Ascona einst Unterricht in der Grunow-Lehre erteilt hatte. «Der Geist im Hause des gefallenen Franz Marc war noch ein wenig spürbar gewesen ... Seine Liebe zu den Tieren bestärkte mich darin, das Blatt ‚Reh im Ried' zu gestalten, nachdem ich wieder gesehen hatte, welches gehetzte Dasein das scheue Rotwild in seinem doch sehr engen Lebensraume führen muss, durch den die Eisenbahnzüge brausen.»[83]
Das menschliche Dasein stand jener Gehetztheit allmählich nicht mehr nach, die Tage, die das Leben lebenswert machten, waren gezählt. Hitlers Ernennung zum Reichskanzler am 30. Januar 1933 und der schlimme Wahlausgang anfangs März bewogen Nebel zum Entschluss, aus Deutschland wegzuziehen.
Einziger Lichtblick in jenen schweren Wochen ist der erneute Kontakt mit Kandinsky, nach dessen Besuch Nebel ins Tagebuch schreibt: «Der

35 Märkische Mühle, 1931

36 Ottilia, 1932

grosse vornehme Künstler betrachtete in Wohnung und Werkstatt meine Bilder und Blätter ... Die Bestätigung grade von seiner Seite waren mir die schönsten Beweise für das Vernünftige meines Strebens und meiner Unbeirrbarkeit. Und die vielen unmittelbaren Ausrufe ‚Wunderbar' des Meisters angesichts der gezeigten Arbeiten, unter denen sich sowohl gegenständliche als auch nicht-gegenständliche befanden, sagten mir, dass im Schöpferischen dem Sowohl-Als-Auch der Vorzug gebühre gegenüber dem Entweder-Oder ... Der schöne innere Klang des Beisammenseins an diesem Tage wird auch in Zukunft spürbar bleiben.»[84] Kandinsky durfte anlässlich dieses Besuches ein «Gastgeschenk» aussuchen. Er wählte ein auf Karton gemaltes Ölgemälde – *Kleiner Garten* – von 1931, das Nebel später mit grosser Genugtuung in Neuilly über des Meisters Schreibtisch hängen sah.
Auch ein Gegenbesuch fand kurz vor dem Wegzug aus Deutschland statt. Nachdem Nebel bei Kandinsky die neuen Werke gesehen hatte, notierte er: «Alles hat Spannung, Reife, Tiefe, Genauigkeit und hohe übersinnliche Wirkkraft aus dem Erfinderischen. Ich muss mich ganz zu dieser Kunst bekennen.»[85] Bei Kandinsky beginnen sich in den letzten Dessauer Jahren die strengen Formen aufzulockern, die Spätwerke der Pariser Zeit bahnen sich an. Dass sich Nebel zu dieser Kunst «bekennen» musste, die ihn im eigenen Suchen nach einer universalen «Runensprache» bestärkte, wird im Betrachten seiner zunehmend abstrakten, rein «geistigen» Malereien offenbar.

38 (Hinterglasbild), 1971

37 Der Holzhacker, 1933

39 Reh im Ried, 1932

Übersiedlung in die Schweiz

Bern, 1937

Der Vorschlag zur Übersiedlung nach Bern kam von Hans Kayser. Die seit den frühen zwanziger Jahren bestehende Freundschaft mit diesem Musiker und Gelehrten war für Nebel von ähnlicher Bedeutung wie die Bekanntschaft mit Gertrud Grunow. Die von Kayser neubegründete Harmonik als die Lehre «vom Klang der Welt», für die die Beschäftigung mit Johannes Keplers *Harmonices Mundi* wesentliche Anstösse vermittelt hatte[86], beruht auf der pythagoräischen Vorstellung der Korrespondenz von Geometrie und Musik, zu deren Darstellung dem Harmoniker das «Monochord» dient. In seinen zahlreichen Schriften[87] ging Kayser den harmonikalen Gesetzen der Zahlenverhältnisse nach, wie sie in der Oberton-, beziehungsweise der Untertonreihe vorliegen, und strebte danach, diese im gesamten Mikro- und Makrokosmos nachzuweisen.
Häufig traf man sich bei Kayser, der Herbarien und eine kostbare Steinsammlung angelegt hatte, um Kristalle und Algen unter die Lupe zu nehmen oder Lichtbilder zu sehen. Ihm verdankte Nebel manche Anregung zu einem bewussteren Eindringen in die Schönheit der Natur. Nach dem Erscheinen von Kaysers Buch *Der hörende Mensch – Elemente eines akustischen Weltbildes,* im Frühling 1932 befasste sich Nebel intensiv mit den darin erläuterten Erkenntnissen; das Werk war wichtig für sein eigenes Schaffen. «Bestimmte Befunde, die dem Künstler im Laufe der schöpferischen Tätigkeit entgegenleuchten, können mithilfe der Wissenschaft von der klangbeseelten Zahl auf eine vollentsprechende Weise gewertet und gewürdigt werden.»[88] Wir finden zahlreiche Zeichnungen, in denen mikroskopische Beobachtungen von Querschnitten durch Blüten, Knospen und Staubgefässbündel festgehalten und zuweilen in ein abstraktes Formenspiel umgesetzt sind. Die Erforschung des tonalen Harmonieprinzips, das Kayser auch in von Menschen geschaffenen Werken, insbesondere in der Baukunst, nachwies, mag zudem für Nebels Dom-Bilder gewisse Impulse gegeben haben.
Die Diskussionen mit Kayser drehten sich um die Allgegenwärtigkeit musikalischer Harmonie. Dass die Grunowsche Lehre von der Verbindung von Farben, Tönen und Bewegungen bei Kayser auf grosses Interesse stiess, erstaunt kaum, er hat sich darüber auch anerkennend geäussert.
Eine Frucht dieser Bekanntschaft ist auch Nebels 1931 unter dem Titel *Worte zur rhythmischen Malerei* publizierte Schrift. Er schreibt darin, dass die Kunst nach den gleichen Gesetzen und Normen bilde wie die Natur, dass der Künstler «die harmonikalen Gesetzmässigkeiten und orphischen Zusammenhänge» erkenne

40 Das grüne Sommerschloss, 1933

und auch «die *Ur*-Bilder, die kosmischen Licht- und Klang-Normen, nach denen die Natur ihre Formen bildet», erschaue [89]. Wo keine rhythmische Komposition walte, sei keine Kunst, sondern «Unordnung». Das Rhythmische hatte er insbesondere bei den Kubisten geschätzt (Gleizes), ihnen verdankte er ein «differenziertes Wissen um die Volumina, Gewichte und Spannkräfte in der rhythmischen Malerei» [90]. Seine «Fugenmalereien» und «bauwerklichen Gefüge» gehören in diesen Kontext. Hans Kayser fand in dem Berner Geschäftsmann Gustav Fueter einen begeisterten Anhänger und Gönner, der ihn nach Bern berief und ihm für einige Jahre Unterstützung versprach, damit er sich voll und ganz seinen Forschungen widmen könne. Er folgte schliesslich dem verlockenden Angebot und liess sich im Herbst 1933 in Ostermundigen bei Bern nieder. Es liegt nahe, dass er Nebel, der über seinen neuen Wohnort unschlüssig war, dazu ermunterte, gleichfalls dorthin zu ziehen.

Am 17. Mai 1933 kamen Nebels in Bern an – dass die Stadt wie Berlin den Bären im Wappen zeigt, nahm der Künstler als eine «Weisung zum Hoffen». Doch bereits die Wohnungssuche bereitete Schwierigkeiten, die Mittel waren begrenzt. Eine

40a Murten, aus Skizzenheft «Helvetia 3», 1933

Übergangsbleibe fanden sie in Muntelier am Murtensee, einer Ortschaft, «die erzählt und gewaltlos auf die Sinne wirkt»[91], in einer «Landschaft für Maler», die er inskünftig immer wieder zur Erholung aufsuchte. Nach einmonatiger Schaffenspause begann er wieder zu zeichnen, die Reihe der Skizzenbücher *Helvetia* wurde eröffnet, in denen er, ähnlich wie in den Heften aus Oberbayern, in wenigen fein empfundenen Linien die Landschaft zu erfassen versuchte. Auch Detailstudien stellte er an, denn, wie er schreibt, «Blüten, Birnen, Frösche und Falter verletzen nicht das menschliche Gemüt»[92]. Trotz Ortsveränderung und räumlicher Distanz vom Dritten Reich verfolgten ihn täglich die bedrohlichen Nachrichten von drüben, die Angst um Freunde und Angehörige wie auch um die eigenen noch in Berlin verbliebenen Bilder begleitete ihn fortan täglich. Alles war ungewiss. Doch wurde die Malerei wieder aufgenommen. Eines der schönsten Werke, das während jener schweren Monate entstand, ist *Das grüne Sommerschloss* (Abb. 40), das zur Gruppe der «bauwerklichen Sinngefüge» gehört. Hier hat der Künstler die zarten «lufträumigen» Grüntöne des Seelandes durch mehrschichtiges Federstrichverfahren in eine architektonische Phantasielandschaft gebettet; eine Skizze des Schlosses Murten (Abb. 40a) könnte eine Vorstudie sein. Die sorgfältige Arbeitsweise, die Nebel seit dem zweiten Frankreichaufenthalt, nach der Begegnung mit dem französischen Pointillismus, in vielen Variationen anwandte und die seitdem noch durch die Farbenwelt Italiens sensibilisiert war, erweist sich hier als besonders wirkungsvoll. Die feinen Strichlagen machen die Dichte des Farbauftrags transparent, die farblichen Abstufungen der einzelnen Gebäudeteile verleihen diesen den Eindruck der Schwerelosigkeit, die Bildfläche öffnet sich vom dunklen Blau-Grün rechts unten nach hellstem Lindengrün hin. Das mittelalterliche Schloss verwandelt sich in seinem Lichtmeer zur märchenhaft entrückten Gralsburg.

Eine weitere Landschaftsansicht dieser Art ist das in einer Mischung aus geglühtem Sand und Ölfarbe ausgeführte Tafelbild *Ein Dorf träumt vom Monde* (Abb. 41). Nebel beschreibt es in seinem Werkkatalog mit den Worten: «Links Getürmtes in kalten Tönen, rechts Gebautes in ‚warmen'. Ein Himmel aus Tiefbraunrot und Moosgrün und Nachtblau wird zum Wunder durch einen feurigen Vollmond.»[93] Die Feuerkugel steigert den kosmischen Eindruck der ausserirdischen Landschaft und hebt den Kontrast zwischen kalten und warmen Farben im «Dorf, das träumen kann» auf. Eine Notiz Nebels bezieht sich zweifellos auf Bilder dieser Art: «Wie mir während des Malens von bauwerklichen Malereien mit lufträumigen Farben und dunkleren Schaugewichten auch in der Aussenwelt alles viel ruhender vorkommt! Mit dem Überwirklichen beginnt die Kunst der Tröstungen.»[94]

Ende Oktober hatte Hilda am Kalcheggweg 17 in Bern eine Zweizimmerwohnung gefunden und bezugsbereit gemacht. Inzwischen war auch Hans Kayser endgültig in eine Nachbargemeinde übersiedelt; Ende Dezember kehrte Paul Klee in seine Geburtsstadt zurück. Neue Freundschaftsbande wurden geknüpft, am Versuch, sich in der Fremde allmählich heimisch zu fühlen, um sich unbedrückt dem Werk zu widmen, mangelte es nicht. Widerstand erfuhren sie einzig von seiten der Fremdenbehörde, bei der die Aufenthaltserlaubnis alle paar Monate erneuert werden musste. Des Gefühls des Provisoriums, der Last, die Nebel wegen des Verdienstverbots auferlegt wurde[95], sollte er erst durch die Einbürgerung zwanzig Jahre später enthoben sein. Sowohl 1935 wie auch 1937 mussten Nebels die Schweiz für mehrere Monate verlassen, um einer Ausweisung durch die Behörden zu entgehen – eine Massnahme, die das Ansässigwerden verhindern sollte. Als Nicht-Jude galt Nebel als wenig gefährdet, deshalb wurde er auch, als er sich um eine Einreisebewilligung in die Vereinigten Staaten bewarb, auf einen aussichtslosen Rang in der Warteliste gesetzt.

41 Ein Dorf träumt vom Monde, 1934

Das Museum of Non-objective Painting

Wichtigstes Ereignis für Nebel in dieser dunklen Zeit war das Gelingen eines Kontakts zur «Guggenheim-Stiftung» in New York. Die Verbindung mit dem damals in Aufbau begriffenen «Museum of Non-objective Painting» des amerikanischen Mäzens Solomon Guggenheim verdankte er Kandinskys Fürsprache. Sie bedeutete für Nebel eine regelmässige Einnahmequelle und damit eine – wenigstens vorläufige – Existenzsicherung. Seit dem Abschied von Berlin unterhielt er einen regelmässigen Briefwechsel mit Kandinsky, der auf der Reise nach seiner neuen Wahlheimat Neuilly bei Paris mit seiner Frau Nina im Dezember 1933 in Bern Station machte. Die Gespräche anlässlich dieses Treffens scheinen sich vorwiegend um die bedrohliche Lage der vielen zurückgebliebenen Freunde gedreht zu haben. Schon damals zeigte sich Kandinsky dem jüngeren Kollegen gegenüber hilfsbereit; er hinterliess ihm einen Brief an den Basler Museumsdirektor Georg Schmidt, in dem er sich freundschaftlich für ihn verwendete. 1935 erkundigte sich Hilla von Rebay – die Künstlerin, die einst mit Bauer und Nebel die Gruppe «Die Krater» gebildet hatte und inzwischen in New York Verwalterin der Guggenheim-Sammlung geworden war – bei Kandinsky nach Nebels gegenwärtiger Lage und vor allem nach dessen Schaffen, worauf sie eine «günstige Antwort» erhalten haben soll [96]. Und als Nebel im Oktober 1936 einen «brieflichen Hilferuf» nach Neuilly schickte, empfahl Kandinsky Hilla von Rebay den Ankauf von Bildern. Er schrieb ihr: «...I also thought of Otto Nebel, who, according to my idea, at least "historically" belongs in the collection. Don't you believe so? I know that Bauer has a large water colour of his (bought it from him) and is therefore truly interested in his painting. In connection with the depreciations (of the French and Swiss Franc) I had some losses, but poor Nebel much more, something that took an almost catastrophical turn with him. Therefore, also from this angle, purchases from him would appear advisable. I am saying this to you personally. Don't you share my opinion? It would interest me very much to hear your opinion on this.» [97] Bereits Anfang November konnte Nebel seinen ersten Check entgegennehmen; als Gegenleistung mussten fortan Bilder geliefert werden; die beträchtliche Anzahl von Werken Nebels in den Beständen des Guggenheim-Museums spricht für sich. Eine derartige Abhängigkeit von einem Auftraggeber hatte selbstverständlich auch ihre Schattenseiten. Der Künstler musste den Forderungen mit scheinbarer Gelassenheit entsprechen und Kompromisse eingehen. Den Tagebüchern allein vertraute er seine Bedrängnisse an. Wesentlich bleibt der Tatbestand, dass Nebel Kandinsky viel zu danken hatte [98]. Dass dieser Nebels Kunst jahrelang mit Interesse verfolgt und auch bejaht hat, zeigen ausser Nebels Tagebucheintragungen die vielen herzlichen Briefe, in denen Kandinsky ihm über persönliche Erlebnisse und das Pariser Leben im allgemeinen ausführlich berichtet, ihn über aktuelle Ausstellungen, Publikationen und Filme auf dem laufenden hält, auf Nebels Äusserungen über Kunst eingeht, ihm in liebenswürdiger Weise Adressen von Zeitschriften und Galerien, an die er sich wenden solle, vermittelt und ihm Möglichkeiten anbietet, Werke an Gemeinschaftsausstellungen abstrakter Maler einzusenden [99]. Auch Dritten gegenüber hat er sich günstig über Nebel geäussert, so zum Beispiel in einem Brief an den Berner Sammler Hermann Rupf, dem er «Otto Nebel, ein junger Freund von mir» zur Erledigung einer Rücksendung von einigen Bildern nach Paris empfiehlt und beifügt: «Er ist übrigens ein *sehr* sympathischer, kluger und begabter Künstler, der mit seiner sehr netten und wertvollen Frau seit einigen Monaten in Bern lebt. Vielleicht werden Sie die beiden einmal irgendwo treffen. Klees kennen sie gut!» [100] Dass Kandinsky nicht nur Nebels Leben, sondern auch dessen Kunst in neue Bahnen wies, wurde bereits erwähnt.

Nebel und Klee

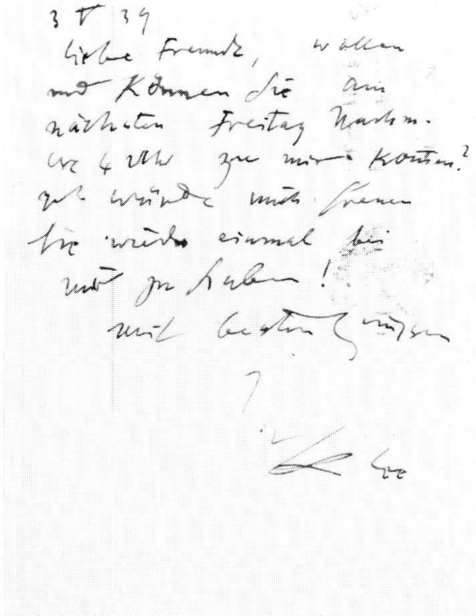
3 V 39
Lieber Freund, wollen und können Sie am nächsten Freitag Nachm. um 4 Uhr zu mir kommen? Ich würde mich freuen Sie wieder einmal bei mir zu haben!
mit besten Grüssen
Ihr Klee

Postkarte von Paul Klee an Otto Nebel, 3. Mai 1939:

Lieber Freund, wollen und können Sie am nächsten Freitag Nachm. um 4 Uhr zu mir kommen? Ich würde mich freuen Sie wieder einmal bei mir zu haben! Mit besten Grüssen Ihr Klee

Wird der Versuch unternommen, Nebels Werke kunstgeschichtlich einzuordnen, fällt ausser dem Namen Kandinsky auch jener Paul Klees. Nebel hatte Klee in Weimar kennengelernt und später auch in Dessau aufgesucht. Engeren Kontakt hatten sie aber vor allem in Bern, wohin es sie beide 1933 verschlagen hatte. Obwohl Klee damals bereits europäische Anerkennung genoss, setzte das Emigrantenschicksal ihm dennoch zu, wenn er auch seine Bedrängnis nie offen kundtat. Nebel bewunderte seine «östliche Gelassenheit»[101] unentwegt; 1944, also vier Jahre nach dessen Tod, schrieb er rückblickend: «Paul Klee, der weise war in Dingen des Menschenverkehrs, verstand es stets mit Meisterschaft, eine unsichtbare Trennmauer zu errichten zwischen sich und denen, die an sein Innerstes ‚heranwollten'.»[102] Die innere Ruhelosigkeit können indes seine Werke verraten. Die ersten Jahre nach Klees Rückkehr brachten einen Stilwandel mit sich; sie sind zunächst geprägt von einem Nachlassen der Schaffenskraft, die durch den Ausbruch der Krankheit 1936/37 einen Tiefpunkt erreicht, um dann wieder aufzublühen und zu neuer voller Entfaltung zu gelangen. In der Klee-Literatur wurde eine «künstlerische Verunsicherung» festgestellt, die dem Durchbruch des Spätstils vorausging. Häufige Rückgriffe auf frühere Kompositionen und Ausdrucksmittel sind wahrnehmbar. Nebel wandelt einmal das bekannte Keller-Zitat ab, wenn er schreibt, dass die Schweiz «für geistige Künstler nicht bloss ein ‚Holzboden', sondern gletscherkalter Zementmörtelgrund mit Stahleinlagen aus Neidgenossen-Tücke» sei[103]. Ob Klee Ähnliches empfand, ob äussere Umstände die Kräfte hemmten, wissen wir nicht, zumal er sich nach 1933 der Aussenwelt kaum mehr in schriftlichen Äusserungen öffnete.

Nebel trug oft schwer daran, dass man seine Werke immer wieder mit bestimmten Schaffensphasen Klees verglich. Meist waren die Argumente hiefür rein äusserlicher Natur, wie zum Beispiel die Tatsache, dass er seine Blätter ebenfalls mit der uns bei Klee so vertrauten Randleiste versah, auf oder unter die er in feiner Schrift Nummer, Bildtitel und Name setzte. Diese Parallele gilt indes auch für weitere Bauhaus-Künstler. Sowohl Georg Muche, ein Freund Nebels, wie Lyonel Feininger pflegten ähnlich zu signieren. Es entsprach der Klarheit und Gründlichkeit, die dort vom Künstler verlangt wurde und die Nebels Arbeitsweise entsprach.

Er wehrte sich immer wieder dagegen, dass Ausstellungsbesprechungen stets sein Werk mit dem von Klee in Verbindung brachten. Er war der Überzeugung, dass die Bezüge einzig auf einer «Wesensverwandt-

42 Befestigter Binnenhafen, 1934

schaft» beruhten. «Wir haben sehr nahe wesensverwandte Empfindsamkeiten und infolgedessen auch entsprechend ähnliche schöpferische Wirkkräfte.»[104] Ganz verblüfft stellt er eines Tages beim Durchblättern von Will Grohmanns Band *Paul Klee, Handzeichnungen* fest, dass Titel einzelner Arbeiten Klees sich mit solchen seiner eigenen Werke decken. In seinem Tagebuch finden wir den Eintrag:«Böswillige werden mir möglicherweise nachzusagen versuchen, ich hätte diese Liste schon gekannt, als ich taufte. Das ist jedoch nicht wahr. Wahr ist, dass Klee und ich eine Anzahl Berührungspunkte haben.»[105] Er fühlt sich gezwungen, einige der Namen seiner Bilder nachträglich zu ändern. Wie Klee hat auch Nebel meistens im Anschluss an den letzten Pinsel- oder Zeichenstrich seinen Werken ihre Bezeichnungen gegeben, sie «getauft». Dass Nebel ein besonderes Sensorium für Klees künstlerische Ausstrahlung hatte, ist ausser Zweifel, doch waren ihre Wege allzu verschieden, als dass man sie auf den gleichen Nenner bringen oder Nebel gar des Epigonentums bezichtigen könnte. Gewiss erinnern einige farbige Blätter, die von einem «bauwerklichen Gerüst» aus horizontalen, farblich fein abgestuften Streifen bedeckt sind – *(Befestigter Binnenhafen* (Abb. 42), *Arkadisches, Graue Ruine* – an Klees *Streifenbilder* der späten zwanziger Jahre. Aber während Klee aus früher am Bauhaus entwickelten theoretischen Grundlagen aufbaute und auf zuvor formuliertes Unterrichtsmaterial zurückgriff, schöpfte Nebel aus seinem empirisch geordneten Farbenatlas aus Italien und

43 Wohllautendes Gleichnis II, 1935

brachte diese Erkenntnisse in Verbindung mit seinem Gefügeprinzip; die Werke wachsen aus sich selbst und aus dem ihm eigenen Formenschatz. Nur in eingehender Vergleichsuntersuchung liessen sich die Unterschiede Nebels zu Klee und deren Gemeinsamkeiten erschöpfend darlegen. An dieser Stelle mögen einige Beispiele zeigen, dass Nebel, der allzuoft in den Schatten des Älteren zurückweichen musste, durchaus seinen eigenständigen Weg verfolgte.

1935 entstanden zwei als Gegenstücke gedachte Gemälde: *Wohllautendes Gleichnis I* und *II* (Abb. 43). Über die quadratische Bildfläche der beiden auf Steinpappe geklebten Leinwände sind dunkelblaue, fast schwarze Balkenstriche und Kreissegmente gestreut. In das so gegliederte Gerüst sind die Farben gebettet, jedes Feld wird durch eine zarte allmähliche Aufhellung «erweicht», das Kräftespiel der harten Striche dadurch aufgelockert. Aus schwarzen Balken, die sich über die Bildfläche verteilen, ist auch Klees zwei Jahre danach geschaffener *Harmonisierter Kampf* (Abb.) aufgebaut. Auch Klee «harmonisierte» die «Spannung, die zwischen den bewegten linearen Akzenten herrscht»[106] durch farbige, hier bräunlich-ockerne Flächen. Seine «Taktstriche» sind jedoch völlig anderer Art als jene von Nebel – intuitiv, weniger streng linear. Er griff dabei auf Skizzen von Formexperimenten zurück, die zu seinem «pädagogischen Nachlass» gehören. Eher wären Nebels Tafel einige von Mondrians frühen linearen Kompositionen an die Seite zu stellen (Abb.), von einem Künstler also, mit dem er

Paul Klee: Harmonisierter Kampf, 1937

Piet Mondrian: Composition 7, 1913

Am Aareufer. Lily, Paul und Felix Klee mit Hilda und Otto Nebel

44 Drei Verschwörer, 1934

Berührungspunkte im malerisch-«bauwerklichen» Bereich empfand, gegen dessen spätere Kunst er jedoch Bedenken äusserte, da in seinen Augen «die blosse Viereck-Züchterei»[107] eine Erstarrung der Form bedeutete.
Eine andere Gruppe aus Nebels ersten Berner Jahren bilden die geheimnisumwobenen Gestalten, die von wenigen dunklen Umrisslinien – er nennt sie *Ur*-Linien – gebildet werden. Die Reihe wurde bereits durch die erwähnte *Ottilia* eröffnet und nun fortgesetzt. Stets tragen der farbige Umraum und die Füllflächen zur dichten Stimmungsgeladenheit dieser Phantasiefiguren bei. Ihre Namen – *Erdgeist, Homunkulus, Doppelmaske, Abendliche Tanzmaske* – vertiefen ihre Entrücktheit. *Drei Verschwörer* (Abb. 44) oder *Flüchtlinge* bezeichnen ausdrücklich die Anonymität der verschleierten Gestalten. Bei einigen ist der Bildgrund im vielschichtigen Federstrichverfahren gearbeitet. So auch bei *Erdgeist* (Abb. 45), wo die «Baumrindenfarben die Erdgebundenheit andeuten» sollen. Der Umraum des *Homunkulus* (Abb. 46) wiederholt in hellgrüner Schichtung die gelben bis bräunlichen Querstreifen der Figur. All diesen mythisch-erzählerischen Blättern liegen Entwürfe zugrunde, die Nebel seit *Ottilia* gelegentlich in seine Hefte skizzierte (Abb. 46a). Um so verblüffender mutet ihre Ähnlichkeit mit einigen fast gleichzeitig geschaffenen Werken Klees an. 1934 ist dessen Blatt *Trauernd* (Abb. S. 72) datiert, eines der ersten in Bern entstandenen Aquarelle. Das «in sich kreisende Liniengeschlinge», hier ein melancholisch wirkender Kopf mit

45 Erdgeist, 1935

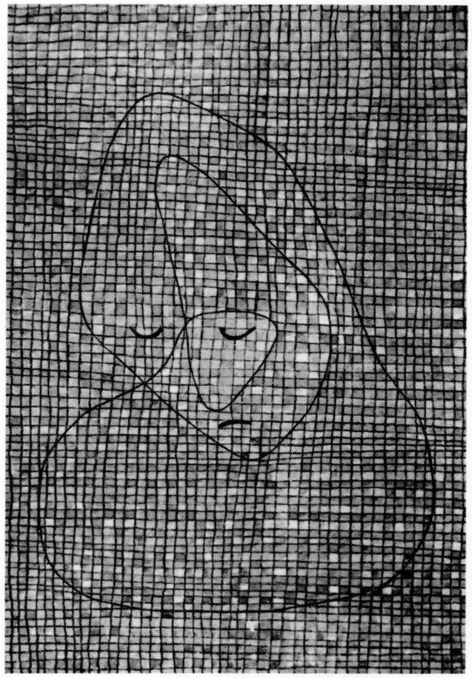

Paul Klee, Trauernd, 1934

trauernd gesenkten Augenlidern, der durch das Farbgitter dahinter in seinem «psychischen Ausdruck» gesteigert wird [108], ist bei Klee in jener Zeit wiederholt festzustellen, es leitet zu einigen Spätwerken über. Die häufigen in Klees Atelier geführten Gespräche mögen für Nebel fruchtbar gewesen sein. Es gibt mehrere Arbeiten von ihm, die uns an Klees Zeichenrepertoire erinnern; sie bleiben aber, gemessen am Gesamtschaffen, relativ vereinzelt [109] und reichen nicht aus, um Nebel allein die Rolle des Nehmenden zuzuweisen. Wie weit hingegen eine Aussage Will Grohmanns Nebel gegenüber zutrifft, dass «Paul Klee neulich eine Zeichnung von mir auf seine Weise als Anregung benutzen konnte» [110], lässt sich leider nicht mehr nachprüfen. Dass Nebel stets beglückt und bereichert von Besuchen bei Klee dessen Wohnung verliess, ist aus seinem Tagebuch deutlich ersichtlich. Ein Satz wie «Bestätigungen und Winke sind nicht selten wichtiger als Lehrgänge» [111] zeigt, wie sehr er den Rat und die Ermunterungen des Verehrten schätzte. «Das Gemeinsame ist wahr, das Ähnliche ist falsch», heisst es in einem aphoristischen Spruch von Georges Braque. Weisen Nebels künstlerische Anliegen auch manches mit Klee Gemeinsame auf, hatte er dennoch sein persönliches Formen- und Farben-Repertoire, alles mündet in eine Einheit nach eigenem Konzept, das auszuführen

46a Skizze zu Homunkulus, aus Skizzenheft «Helvetia 8», 1935

46 Homunkulus, 1935

er seine ganze Kraft einsetzte. Wie recht hatte Carl Justi, als er, von der Caravaggio-Nachfolge sprechend, schrieb: «Auch wo Gleichheit der Züge sich aufdrängt, ist damit noch kaum Entlehnung bewiesen. Und selbst wenn Entlehnung oder Anregung konstatiert wäre, würde es sich noch fragen, ob diese Entlehnungen das Wesen der Kunst betreffen.»[112]

Zeit des Übergangs

Keine äusseren Hindernisse hielten Nebel vom unermüdlichen Arbeiten ab. Er wunderte sich, dass Klee «noch so viel nebenbei tun» könne, wie «Kochen, Geige spielen und eine Katze betreuen»[113]. Seine Frau war es, die es ihm ermöglichte, sich voll auf sein Werk zu konzentrieren. Sie übernahm die nervenzermürbenden Formalitäten mit den Fremdenbehörden, sie erteilte Privatunterricht in der Grunow-Lehre, um etwas zum Lebensunterhalt beizusteuern, sie reiste zweimal nach Berlin (1934 und 1936), um zurückgebliebene Arbeiten sicherzustellen, einige gar in die Schweiz überführen zu lassen, und kümmerte sich jeweils um die Wohnungssuche. Wertvolle Hilfe erhielten Nebels zudem von ihrem Schwager Robert Kotthaus, der ihnen jahrelang finanzielle Unterstützung gewährte und bei dem und dessen Familie sie die meisten Festtage verbrachten – zunächst in Zürich, später am Genfersee.

Ende April 1935 mussten sie die Schweiz für drei Monate verlassen, im italienischen Küstenort Alassio nahmen sie vorübergehende Unterkunft, in einem Ort, der «manche Reize für Maleraugen bietet»[114], wo aber auch vieles noch in Bern zeichnerisch Vorbereitete verarbeitet wird. Dazu gehört das Deckfarbenblatt mit dem das eigene Schicksal projizierenden Titel *Flüchtlinge* (Abb. 47), das der Gruppe der Urlinien-Werke angehört. Auch Neues entsteht, Meerstücke, Hafenansichten, südliche Landschaften. Die Farbenerlebnisse vom letzten Italienaufenthalt tauchen wieder ins Bewusstsein. Zudem viel Zeichnerisches, darunter ein Heft mit einer Menge der «anwesenden Fratzen» auf der Piazza del Commercio[115]. In Alassio erreicht Nebel auch der Vorabdruck der Schrift von Kurt Liebmann: *Der Maler-Dichter Otto Nebel*[116]. Der Einsatz seines Freundes für sein Schaffen berührt ihn tief, obwohl er gestehen muss, dass ihm einige Stellen «zu dick aufgetragen» vorkommen[117].

Anfangs August können Nebels nach Bern zurückkehren, wo ihnen für weitere zwei Jahre Aufenthalt gewährt wird. Trotz des ihm auferlegten Verdienstverbots darf er, da ihm die Behörden das Gesuch bewilligen, einer Einladung der Berner Kunsthalle Folge leisten, die ihm im Oktober einen Teil des Untergeschosses zu Ausstellungszwecken zur Verfügung stellt[118]. Erstmals wird ihm Gelegenheit geboten, seine Arbeiten der schweizerischen Öffentlichkeit zu zeigen. Eine sorgfältige Auswahl muss getroffen werden. Einen zentralen Platz nehmen dabei die frühen Kathedralbilder ein, damals noch in ihrem ursprünglichen Zustand, dann das «Gebaute» ganz allgemein, vorwiegend aus den Jahren 1930–1935. Die «ungegenständliche», rein ab-

47 Flüchtlinge, 1935

strakte Malerei ist erst mit wenigen Werken vertreten.
Inzwischen war auch der Umzug in eine ruhig gelegene Wohnung am Weissenbühlweg erfolgt, wo der Künstler bis zu seinem Tode bleiben wird. Ein eigenes Atelier war ihm vorläufig noch nicht vergönnt. Die scheinbare Geborgenheit täuscht nicht über die Ungewissheit der Zukunft hinweg, wohl am klarsten drückt sie sich im Plan einer *Geschichte der Einsamkeit* aus, die mit den Worten beginnen sollte: «Seit er gehen konnte, ging er in sich.»[119] Dadurch wird auch die erneute Zuwendung zur Kathedralmalerei verständlich. Bereits 1934 hatte er einige frühere Gemälde, die aus Deutschland herbeigeschafft werden konnten, überarbeitet. Der durch die Ausstellung in der Kunsthalle Bern veranlasste Rückblick auf das eigene Schaffen gibt ihm die Möglichkeit einer Bilanz und Anlass, sich erneut der bewährten Thematik zu widmen. Wohl unter dem Eindruck des Berner Münsters entstanden zunächst mehrere mit Farbe besprühte Tuschfederzeichnungen, die wie aus dem Stegreif die gotisch aufstrebenden Formen festhalten. Doch ist der äussere Anlass kaum von Belang, die Blätter erhalten den allgemeingültigen Titel *Kathedrale I–IV*, *Strebepfeiler* oder *Chor-Nische* (Abb. 48). Auch das im Juli 1936 geschaffene Gemälde *Gang durch das Münster* (Abb. 49)

48 Chor-Nische, 1936

gibt nicht den Raumeindruck einer genau bestimmbaren Kirche. «Der Taufname besagt, dass es sich ‚dieses Mal' um ein Schreiten durch ein vorgestelltes Hochräumiges gehandelt hat und um ein Getragensein vom räumlichen Einwirken aus klingendem Erleuchtetsein»[120], schreibt Nebel dazu. Wie bei den um die gleiche Zeit gestalteten Leinwänden *Blaue Chornische* und *Orgelklänge* versucht er hier den Betrachter in die Gebäulichkeit zu geleiten und den aus dem «Zwiegespräch» mit der inneren Schau geschöpften überwirklichen Eindruck beim Durchschreiten einer «lufträumigen Gefüge-Ordnung» zu vermitteln. Anklänge an gewisse Gedanken von Albert Gleizes über die malerische «Erfassung des nichteuklidischen Raumzeitkontinuums durch Darstellung von Phasenüberschneidungen»[121] melden sich. Auch das Licht hat an Bedeutung gewonnen, die neueren Arbeiten sind von einer wärmeren, farbigeren Tonalität, das Tektonisch-Statische, «Steinerne» tritt zurück. Doch lässt sich dies nur ahnen, denn sämtliche Dom-Bilder hat Nebel später ein letztes Mal überholt und vor dem Hintergrund Swedenborgscher Erkenntnisse in eine Endfassung gebracht.

Nebels «ungegenständliche» Bildsprache trat in den Jahren, in denen das New Yorker Guggenheim-Museum für diese Kunst ihm die Tore öffnete, vermehrt nach vorne, musste er doch den Anforderungen, die seine Existenz sicherten, nachkommen und stets genügend Werke zur Auswahl für die Verschiffung bereithalten. Das «Gegenständliche» begleitete diese Arbeiten jedoch

vorläufig noch, insbesondere im zeichnerischen Schaffen.
Streifzüge durch die Natur dienten der Erholung, die unermessliche Schöpfung bot Anregungen im Motivischen. Eine Fülle von Skizzen gibt Pflanzliches wieder, von naturgetreuer Realität bis zur freien vegetabilen Konfiguration. Immer wieder lockte es ihn zum Zeichnen in den Berner Tierpark und im Winter ins Naturhistorische Museum, wobei er sich auffallend häufig für Vögel und Fische interessierte, sich dem Vogel als dem entschwebenden Himmelsboten, dem Fisch als dem stummen Zeugen irdischer Existenz zuwandte [122]. Im Historischen Museum suchte er die ethnologische und archäologische Abteilung zur Bereicherung seines Motiv- und Formenschatzes auf.
Nebel hielt es für wenig empfehlenswert, eher irreführend, das gegenständliche Zeichnen vom ungegenständlichen zu trennen [123]. Beides grenze aneinander und gehe ohne scharfe Artunterschiede ineinander über. Alles in der Natur sah er gleichnishaft. «Für den Künstler, der nicht die Landschaft abbildet, sondern mit ihr malt, kann jede Gegend bedeutsam werden. Nur muss er fähig sein, im Wirklichen sowohl dieses, als auch das Überwirkliche zu sehen. Und ferner muss er imstande sein, alles auf innenweltliche Grundlagen zu stellen.» [124]

49 Gang durch das Münster, 1936

50 Der Seher, 1935

Bildnisse

Nach einem Gästebesuch notierte Nebel: «Klee, Kayser und Gustav Fueter zusammen; das kam mir vor wie ein Dreiklang von Geige, Dudelsack und Alphorn. Mir hatte man die untermalenden Kesselpauken zugeordnet.»[125] Die Rolle des «Untermalenden» übernahm Nebel zuweilen auch bei den Hauskonzerten, eine der regelmässigen Vergnügungen, an denen Klee gelegentlich als hervorragender Geigenspieler mitwirkte und die meistens in dem von Fueter zur Verfügung gestellten Saal seines Hauses in der Marktgasse, dem «Söller», veranstaltet wurden. Nebel pflegte die Vortragenden, dem Spiel der Musik lauschend, zu porträtieren. Doch erschöpfte er sich nicht im bildnerischen Erfassen eines Gegenübers in wenigen charakteristischen Strichen: auch zahlreiche Illustrationen literarischer Stoffe begleiten sein vielfältiges Werk. So waren die Bücher, die ihm Freunde und Bekannte ausgeliehen hatten, bei der Rückgabe meistens vorne um ein Einlageblatt bereichert – einen Kopf einer der darin vorkommenden Figuren. Dieser Buchschmuck wurde aus einer Fülle von während der Lektüre hingeworfenen Skizzen ausgewählt, farbig gestaltet und gleichsam als «Leihgebühr» in den Deckel geklebt.

Führte ihm hier eine dichterische Vorlage die Hand, so finden wir anderseits eine grössere Anzahl von

Köpfen und Gestalten, die für Nebels Neigung, «vom Menschen in dichterischer Art zu erzählen», zeugen[126]. An die Urlinien-Bildnisse wurde schon erinnert, die Aufzählung wäre durch Dutzende von Namen zu erweitern: *Kaluli, Schutzherr der Maurer, Prinzessin Anna, Winzer Dyonysos, Tristo, Stummes Mädchen* – um nur einige der Blätter zu nennen. Zu jedem kann sich der Betrachter selbst eine Fabel ausdenken. Die fragmentarischen Bildergeschichten kulminieren schliesslich in der monumentalen Bildfolge *Musartaya, die Stadt der tausend Anblicke,* von der noch die Rede sein wird. Das Bildnis ins Visionäre gesteigert hat Nebel auch in einer Reihe von Tafelbildern, die meist in einer Mischung aus Ölfarbe und Sand gemalt sind, sie stehen in gewissem Bezug zu den imaginären «bauwerklichen» Landschaften. Urhaft, entseelt, umso intensiver starrt der *Seher* (Abb. 50) aus der Tiefe schwarzer Augenhöhlen, sein Blick schweift über den Beschauer hinweg. Zwei blaue Dreieckshörner krönen ihn, die «Hörner des libyschen Jupiter Ammon» nennt sie Kurt Liebmann, der die Definition des Bildtitels bei Novalis gefunden zu haben glaubt: «Der vollkommen Besonnene heisst der Seher.»[127] *Saida* (Abb. 51) hat die Augenlider gesenkt und den Blick nach innen gewendet. Ihre Kopfbedeckung ist ein mit vielen farbigen Punkten

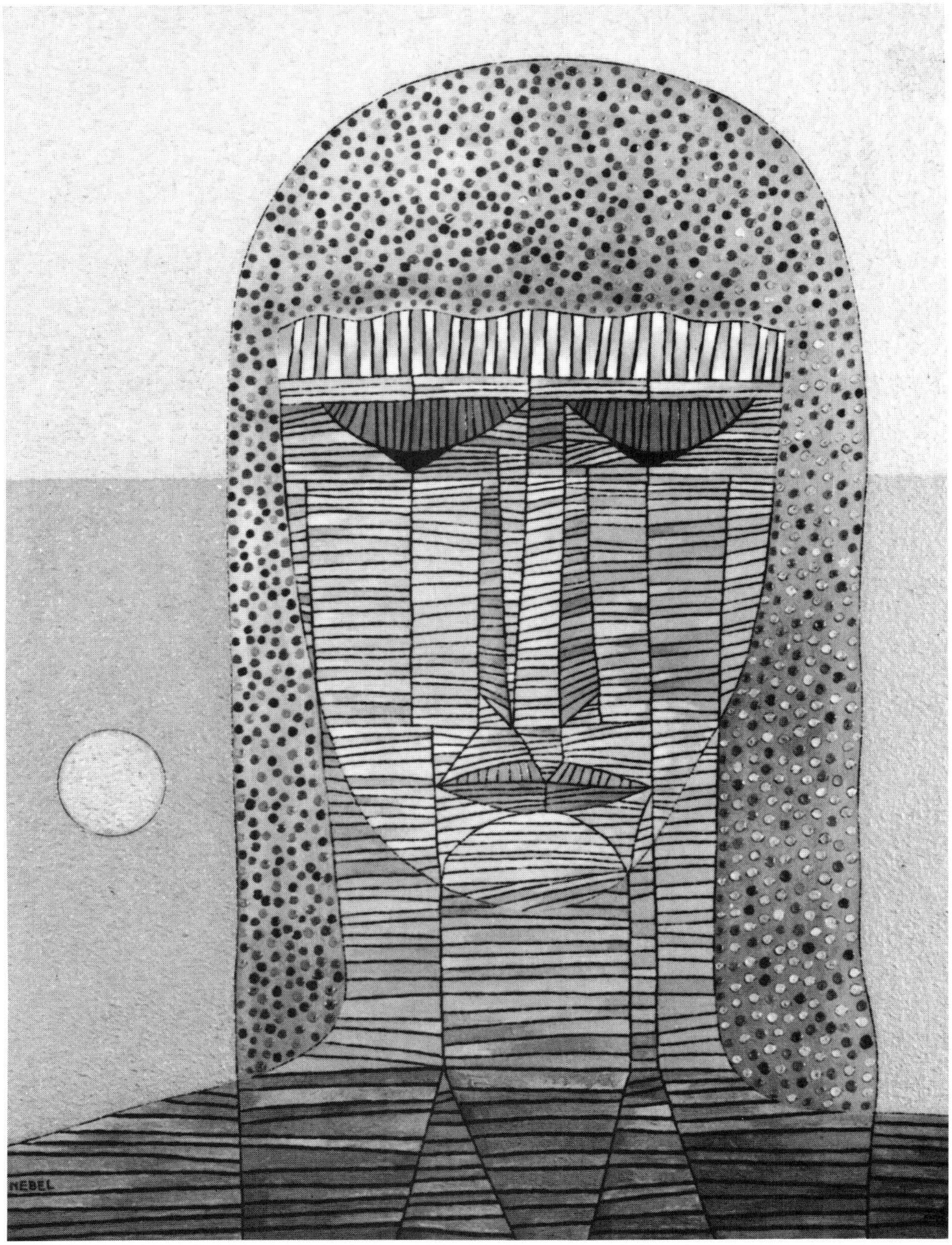

51 Saida, 1935

besätes Tuch, das ihren archaischen, fast mumienhaften Ausdruck verstärkt. Die flächenhaften Antlitze beider sind aus einem horizontalen Streifengerüst aufgebaut, die Gesichtszüge durch feine Vertikalen akzentuiert. Alle Bildnisse, seien sie nun einer entfernten Erinnerung verpflichtet oder traumhaft der inneren Imagination entnommen, lassen sich auf einen gemeinsamen Nenner bringen, nach Nebel die «Urvorstellung einer Ähnlichkeit des Menschenbildes mit dem Göttlich-Menschlichen»[128]. Er will mit diesen Gesichtern und Gestalten auf «unsichtbare Gesellschaften» hinweisen, mit denen die «sichtbaren Wesen bereits im Diesseits verbunden» seien, ähnlich wie alles Zerrbildhafte mit dem «Wirken von höllischen Vereinen» zusammenhänge[129] – auch diesen Aspekt hat der Künstler deutlich sowohl im dichterischen als auch im bildnerischen Werk gezeigt. Nebels erneute Auseinandersetzung mit der Menschendarstellung erfolgte schliesslich zu Beginn der fünfziger Jahre in enger Verbindung mit seiner Bühnentätigkeit. Als ihm das Schweizer Bürgerrecht in Aussicht gestellt war und die Förderung durch das Guggenheim-Museum aufgehört hatte, musste er seinen Lebensunterhalt wieder ohne dessen Sicherung bestreiten. Nach der Aufhebung des Verdienstverbots zog man ihn als Sprecher beim Radio bei und nahm ihn bei Gründung der Berner Kammerspiele – dem späteren Atelier-Theater – im Herbst 1951 ins Ensemble auf, in dem er bis 1954 mitwirkte. So kam ihm die Ausbildung zum Schauspieler nach all den Jahren doch noch zugute. Manchem Zuschauer ist seine Verkörperung von insgesamt 25 Rollen auf der Bühne noch in lebhafter Erinnerung. Zwar trat die Malerei wegen des Rollenstudiums, der Proben und der abendlichen Vorstellungen zurück, anderseits gewann der Künstler durch das Mimen bestimmter Bühnengestalten, durch Erlebnisse vor und hinter den Kulissen vielfache Anregung. Ausgeprägtestes Zeugnis ist das 34 Blätter umfassende gezeichnete Reihenwerk *Schauspieler und Masken.* Äusserer Anlass war die Freilichtaufführung eines Shakespeare-Dramas im Berner Kocherpark. Nebel versuchte die Expressivität der Gesichter einzufangen, die sich im Scheinwerferlicht zwischen nächtlichem Blätterwald bewegten (Abb. 52). Ein Tafelbild *Zwei Schauspieler vor dem Auftreten* (Abb. 53) steht ebenfalls mit dieser Bühnenerfahrung in Zusammenhang; es war ein Beitrag für einen Wettbewerb zum Thema «Bild mit zwei Gestalten». Der vielschichtige Farbauftrag erforderte drei Wochen täglicher intensiver Arbeit, nur so wurde die gewünschte Leuchtkraft erzielt, eine Wirkung, die Nebel an den im Schatten der Bäume des Stichworts harrenden kostümierten Akteuren beobachtet hatte. Doch scheinen die monumental aufgerichteten Gestalten – der Mann links im Profil, die Frau in Frontalansicht – nicht aus «Fleisch und Blut». Wie die Pfeilerbündel in den Dom-Bildern bannt Nebel sie auf die Fläche, lässt sie mit dem sie umhüllenden Raum, dem Park verschmelzen und überstrahlt die entseelte Natur mit neuem Licht.

52 Blatt 28 aus der Reihe «Schauspieler und Masken», 1952

53 Zwei Schauspieler vor dem Auftreten, 1954

Hilda und Otto Nebel als Antonia und Blaise in: «Mein Mann hat einen Komplex» («Le complexe de Phylemon»), Atelier-Theater, Februar/März 1952

Als Farmer McCarthy in: Thornton Wilder, «Eine kleine Stadt», Atelier-Theater, März–Mai 1953

52a Blatt 22 aus der Reihe «Schauspieler und Masken», 1952

Als Polizeikommissar in: Jean Cocteau, «Orpheus»

atelier theater

BERN EFFINGERSTRASSE 14 TELEPHON 32121

Die Schule der Frauen

Lustspiel in fünf Aufzügen
von Molière
deutsche Fassung von Ludwig Fulda

Inszenierung: Hans E. Berg
Bühnenbild: Remo Zimmermann
Kostüme: Sylvia Zimmermann

Personen:

Arnolph, mit dem Beinamen Herr von Lasouche	Eugen Traber
Agnes, seine Pflegetochter	Linda Geiser
Chrysald, seine Freunde	Otto Nebel
Oront, seine Freunde	Hans E. Berg
Horace, Sohn Oronts	Wolfgang Haas
Alain, ein Bauer	Franz Matter
Georgette, seine Frau	Ruth Fittler
Ein Notar	Werner Koelliker

Pause nach dem 3. Akt

Atelier-Theater, Programm

Als Chrysald in: «Die Schule der Frauen», von Molière

Musartaya

Mitte August 1937 musste Nebel mit seiner Frau die Schweiz wiederum für einige Zeit verlassen, diesmal für neun Monate. Sein erstes Ziel war Forte dei Marmi bei Viareggio, das Kandinsky ihm empfohlen hatte. Er befasste sich zunächst mit einer Anzahl «ungegenständlicher» Gouachen, die er nach Amerika schickte, um seinen dortigen Verpflichtungen nachzukommen. Noch vor der Übersiedlung nach Florenz Ende Oktober entstehen die ersten Entwürfe, das Konzept gleichsam, zu einer Bilderfolge, die den Sammelnamen *Musartaya, die Stadt der tausend Anblicke* trägt und die innerhalb seines Gesamtschaffens einen singulären Platz einnimmt. Die Einheit der über hundert Arbeiten besteht lediglich im Gemeinsamen der Thematik, nicht aber in der technischen Ausführung oder im Format. Es gibt Zeichnungen, Gouache- und Temperamalereien, auch ein Ölgemälde gehört dazu. Mit der Ausarbeitung der Entwürfe war Nebel noch über mehrere Jahre hin beschäftigt, nie hat er das «Reihenwerk» als abgeschlossen erklärt wie jeweils die übrigen Serien. «Die Stadt der tausend Anblicke ist keine ‚Fata Morgana', sondern eine ... bauwerkliche Dichtung zeitloser Ordnung – eine Innen-Welt-Stadt, an der der Baumeister bis zu seinem Lebensende wird weiterzuschaffen haben.»[130] Musartaya, eine dichterische Erfindung des Künstlers also, ist eine sagenumwobene Stadt – ihre «tausend Anblicke» sollen dem Betrachter dargetan und die Menschen, von denen sie bevölkert wird, vorgestellt werden. Nebel hielt die epische Erzählung nicht schriftlich fest, er gab lediglich ein paar Hinweise, entweder in den Bildtiteln, oder aber in Kommentaren, die sich verstreut in seinem schriftstellerischen Nachlass befinden[131]. Es steht uns frei, die Zusammenhänge herzustellen, zu fabulieren und uns in dieser Märchenwelt zu tummeln. Zunächst sind es «Stadtansichten», die an uns vorbeiziehen, «Architekturen aus Licht und Farbe», die der Künstler in seiner Phantasie erbaut, indem er sie mit Stift und Pinsel niederschreibt. Erneut ist es die Erlebniswelt Italien, die den Quell zum Sprudeln bringt. Bereits in Forte dei Marmi hatte sich Nebel mit dem Gedanken befasst, seinen Farbenatlas aus dem Jahre 1931 zu überarbeiten. In Florenz nun stellen sich neue Farbeindrücke ein. Je nach Tageszeit oder Lichtbedingungen wandeln sich die Tönungen der Stadt und ihrer vielen Kirchen. Während der Arbeitspausen zieht es ihn immer wieder zu Dom, Battistero, S. Croce und S. Maria Novella. Oft macht er Ausflüge nach S. Miniato, nach Fiesole, nach Bellosguardo – die Stadt zeigt ihm ihre Gesichter. Im Tagebuch heisst es etwa: «Sahen eine Landschaft, die fromm macht. Durch den silbernen Regen kamen goldene Lichter herauf. Die Ferne blieb sichtbar. Schnee auf den Bergen. Graues Braungrün auf den näheren Hängen. Frisches Grün und Wachstum in den Gärten. Fast greifbares Stillesein der Umwelt. Lieblichkeit und prächtige Bauten. Tore, hinter denen Bambus und andre Hochgewächse den Luftraum durchweben, durchbogen, durchwinden. Und in der Tiefe die Stadt: Firenze, la bella. Ergreifende Schau!»[132] Eine Liebeserklärung an die Stadt, in der sich Nebel wie «nirgendwo (ausser in Berlin) wohlgefühlt» hat[133]. Von Bedeutung sind auch die Museumsbesuche. Er studiert die Malweisen der alten Meister und untersucht mit Hilfe des Dörner-Buches deren verschiedene technische Verfahren, dann wieder verweilt er stundenlang in der ägyptischen oder der etruskischen Abteilung des Museo Archeologico. All diese Erlebnisse und Eindrücke sollten in der Musartaya-Reihe Folgen zeitigen. Direkte Bezüge zwischen Musartaya und Florenz sucht man zwar vergebens, doch besteht kein Zweifel, dass die Fundamente der Phantasiestadt hier liegen. Denn eine Reihe von Zeichnungen, *34 Blätter aus Florenz 1937*, eine «Folge von zeichnerischen Entwürfen aus dem Erleben der Stadt Florenz und der toskanischen Landschaft», begleitete anfangs die Arbeit an *Musartaya,*

54 Mosaik-Bauwerk in Graugrün. Nr. XII aus «Musartaya», 1938

55 Kapelle der Herrscher. Nr. I aus «Musartaya», 1937

wobei er sogar hierzu vermerkt: «Wohlverstanden, es handelt sich auch hier wieder um freie Erfindungen, um ein geistig geführtes Aufzeichnen von inneren Bildern, die sich einstellten während der zahlreichen Gänge durch die Stadt und die Landschaft.»[134]

Florenz und Musartaya – immer wieder scheinen sich die Wege zu kreuzen. Dies zeigt sich auch in jenem Kommentar im Œuvrekatalog, mit dem Nebel das Blatt *Die Stadt Musartya XII, Mosaik-Bauwerk in Graugrün* (Abb. 54) erläutert: «Der Maler kam aus dem Stadtbezirke ... in eine freiere Gegend und sah vor sich einen breiten Hügel, der ganz bestanden ist mit Olivenbäumen. Deren Laub (das überwintert) schuf eine wolkenhaft zarte Februar-Schau! Das Graugrün hatte soviel Silberlicht ‚unter den Flügeln', dass der Hang zu schweben schien ... Dann aber sah der Maler die Blätter und die sonstigen Einzelheiten als vieltönige Farbspender und unterschied alsbald zahllose Kleinwerte im Lichten und im Schattigen. – Für ihn wird das Bild, von dem hier die Rede ist, stets ‚der Oliven-Anblick' bleiben ...»[135] Zu den auf diesem Blatt im Vordergrund emporragenden Bauwerken gehört auch eines jener Kuppelgebäude, wie sie in *Musartaya* mehrere Male auftauchen – das Wahrzeichen des Florentiner Doms scheint allgegenwärtig zu sein, eingewoben in entrückte Kulissen, die, wie ein Kritiker einmal schrieb, zwischen der «Feierlichkeit von Byzanz und irgendeiner versunkenen Blütezeit der Khmer oder Ghandara» liegen[136]. Erhabenheit gewinnen die musartayischen Archi-

56 Kathedrale. Nr. II aus «Musartaya», 1937

57 Gelbe Abtei. Nr. VI aus «Musartaya», 1938

tekturen durch ihre Farbbehandlung, die Bauwerke scheinen alles Erdgebundene, Schwere abgestreift zu haben.
Das erste Blatt, beendet am 6. November 1937, trägt den Titel *Kapelle der Herrscher* (Abb. 55) und ist in dem uns bekannten «Federstrichverfahren» ausgeführt; wie auf weiteren Blättern der Reihe wurden in langen Arbeitsgängen bis zu fünfzig Lagen übereinandergeschichtet. Erstmals ist auch eine *Kathedrale* auf diese Weise gemalt (Abb. 56), weshalb sie vom Künstler als ein «Schlüsselwerk» hervorgehoben wurde, auch wenn das Bild als Aussenansicht – es handelt sich um einen Turmdurchblick – mit den monumentalen Domgemälden wenig gemeinsam hat. Zum grossangelegten Szenarium gehören auch der *Platz der Kleinodkirche* und die *Gelbe Abtei* (Abb. 57), zwei Nachtstücke, sind doch die Bauten in dunkles nächtliches Mondlicht getaucht. Die Tempera-Malweise mit Lasuren nach Art der alten Meister nennt der Künstler die «Malweise in Moll», im Unterschied zur «Arbeitsweise in Dur» der Federstrichtechnik. Zur Musikterminologie greift er auch dann, wenn er von den «Mosaikbildern» spricht – wie es deren in der Musartaya-Reihe zahlreiche gibt – und die einzelnen «Steinchen» «Fugen» nennt, die als «mitklingende» Werte der Farben gelten und die, indem die gleichnishaften Begriffe «Viertelton-Kunst» und «Achteltonigkeit» geprägt werden, je nach Gewicht von Farbe, Fläche und Licht in ihrer Grösse variieren können. Die «Fugbilder» waren einerseits als in sich fertige, selbständige Bilder gedacht, sollten aber auch als «feingefügte Entwürfe» zu grossen Mosaiken angesehen werden. Zugleich stellte Nebel sich einige dieser Werke als mögliche Vorlagen für die Wandverzierungen der «Königsgräber» vor [137], denn einer der Stadtbezirke Musartayas bildete eine Gräberstadt, in der die einbalsamierten Toten auf vergleichbare Weise mit gewissen Funeralbräuchen der Etrusker bestattet werden sollten.
Mosaikbilder hat Nebel bereits früher, anlässlich des ersten Italienaufenthaltes 1931, gestaltet; mit grösserer Behutsamkeit setzt er diese Kunst nunmehr fort. «Stein» um «Stein» fügt er über einen sorgfältig vorbehandelten Grund aneinander, die einzelnen Farbformen, oft von unterschiedlicher Grösse, sollen zur «belebten Einheit» zusammenklingen. Die grössten «verwendete» er bei dem erwähnten einzigen Ölgemälde: *Mandoraf, der Prinz von Musartaya* (Abb. 58); das Gesamtbild setzt sich aus etwa 1300 Einzelformen zusammen. Für diesen mit einer helmartigen Haube bedeckten Kopf eines Mannes in Profilansicht könnte eine Steinskulptur von einem etruskischen Kriegergrab (Abb. S. 91) im archäologischen Museum von Florenz als Vorlage gedient haben: erstaunlich ist ihre physiognomische Ähnlichkeit. Etruskische Ahnen könnten auch noch weitere der etwa 45 namentlich genannten Bewohner Musartayas gehabt haben. Streng frontal blicken sie uns entgegen, maskenhaft und versteinert. Dennoch wird jedem seine eigene Geschichte zugeteilt, als einem Mitglied der oligarchisch aufgebauten Gesellschaft von Musartaya, die in ihrer politischen Struktur ebenfalls manche Parallelität mit den ursprünglich nach monarchischem Prinzip regierten frühen etruskischen Stadtstaaten aufzuweisen scheint. Wir begegnen *König Surta*, der «ermordet wird», der trauernden *Königin-Witwe Mara*, die als Ratgeberin des königlichen Hauses dem Nachfolger *König Taius* zur Seite steht, dem priesterlichen Seher *Basor*, dem Kanzler *Eubos*, der *Prinzessin Andra*, der Schwester des Königs, und deren Kammerzofe *Kia*. Des weiteren erscheinen *Herr Akron*, der oberste Richter, sowie der Hofarzt *Herr Vico*. Aber auch dem königlichen Gärtner *Silas* und dem königlichen Stallmeister *Kussot* gilt je ein Blatt. Mit der Aufzählung könnte noch lange fortgefahren werden. Während einige, wie zum Beispiel der *Hauptmann der Palastwachen* (Abb. 59), als «Fugbilder» ausgeführt sind, ist die Mehrzahl der Bildnisse mit schwarzer oder grauer Tusche gezeichnet, ihr Grund farbig getönt, häufig mit Wasserfarben besprüht. Mehrere gemahnen in ihrer erdfarbenen Monochromatik an antike Tonreliefs.
Wie der Künstler selbst sagt, würde die «einfache Sage von ihrem Werden und Wachsen einen Sonderband füllen» [138]. Auch wies er auf die inneren Zusammenhänge zu seiner Zwölf-Runen-Fuge *Das Rad der Titanen* hin, die in jenem gleichen Florentiner Winter weitergedieh [139]. Man darf nicht vergessen, dass die Werkfolge *Musartaya* zu einer Zeit politischer Bedrohung entstand. Die Phantasiestadt war ein Lichtblick und bot einen Fluchtweg. Man denkt an das alte China, in dem man dem politischen Niedergang und einem Zusammenbruch des Staatsgefüges

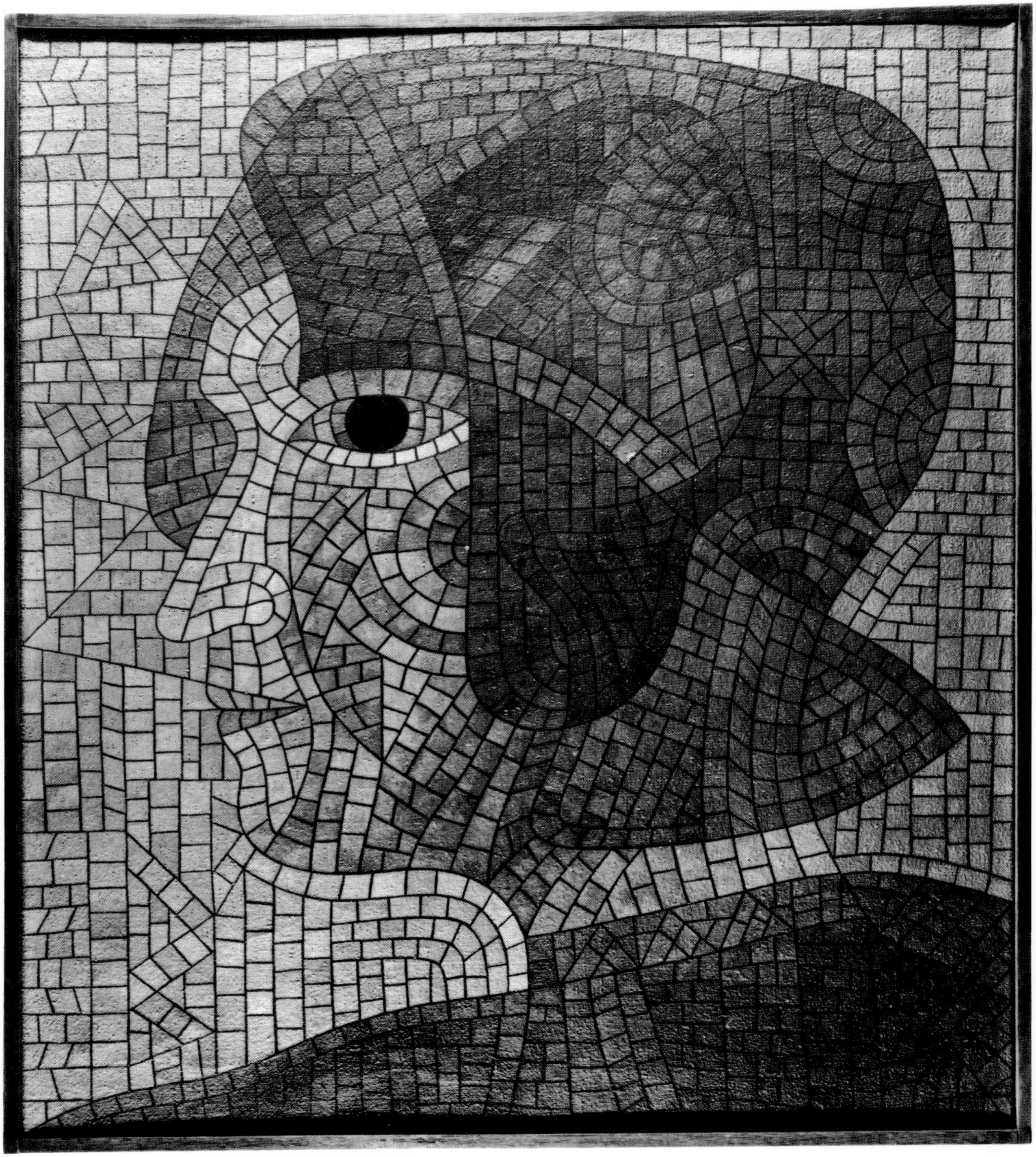

58 Mandoraf, Prinz von Musartaya, 1938

Kopf eines Kriegers. Etruskisch

durch Gründung einer neuen Hauptstadt mit neuen Tempeln und Palästen entgegenwirkte. Nebel hatte damals das *Buch der Wandlungen I-Ging* bereits kennengelernt, das ihn tief beeindruckt und zum Verfassen eigener *Sinnsprüche* veranlasst hatte und das auch für seine «ungegenständliche» Bildsprache von Bedeutung werden sollte; die altchinesische Geisteswelt war ihm also nicht fremd. Er wusste, dass darin die Stadt, eine «Stätte des Götter und Ahnen», als Abbild und Symbol des Himmels galt, denn man glaubte, dass «ebenso wie ein gefallener Baum neue Wurzeln treibt», der Himmel «sein Mandat an uns verewigen wird in dieser neuen Stadt»[140].
«Der Weg der Entsagungen führt endlich zur Sage», schrieb er einmal[141].
Demgemäss schuf Nebel mit diesen «Sinnbildern der Innenschau», wie er sie nennt, eine gültige Metamorphose der Realität.

59 Hauptmann der Palastwache. Nr. XVIII, Mosaik aus «Musartaya», 1941

Zu Nebels kunsttheoretischen Äusserungen

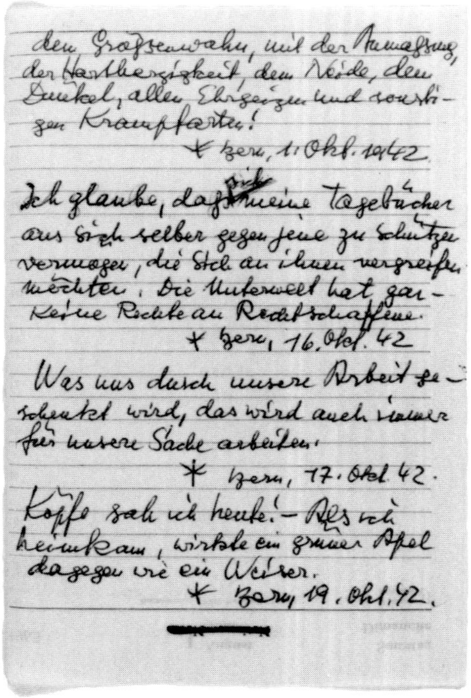
den Größenwahn, mit der Anmaßung, der Hartherzigkeit, dem Neide, dem Dünkel, allen Ehrgeizigen und sonstigen Krampfarten!
* Bern, 1. Okt. 1942.

Ich glaube, daß sich meine Tagebücher aus sich selber gegen jene zu schützen vermögen, die sich an ihnen vergreifen möchten. Die Unterwelt hat gar keine Rechte an Rechtschaffene.
* Bern, 16. Okt. 42

Was uns durch unsere Arbeit geschenkt wird, das wird auch immer für unsere Sache arbeiten.
* Bern, 17. Okt. 42.

Köpfe sah ich heute! – Als ich heimkam, wirkte ein grüner Apfel dagegen wie ein Weiser.
* Bern, 19. Okt. 42.

Notizen, 1942

Nebels Schriften zur Kunst lassen sich nur schwer als «Kunsttheorien», als «Leitgedanken» und Richtlinien umschreiben, die der künstlerischen Arbeit vorangingen. Vielmehr gilt für ihn – wie für viele Künstler –, dass das, was er als umfassende Wahrheit proklamierte, höchst persönliche, ganz auf das eigene bildnerische Schaffen bezogene Schlussfolgerungen sind, die zuweilen traktathaften Charakter haben, in der Absicht, dem Betrachter den Zugang zu seiner Malerei zu erleichtern [142]. Er setzt Akzente auf das «Wesentliche». Im Sinn der Antwort von André Lhote auf die Frage nach dem Wert von Künstlertheorien handelt es sich dabei um «Erholungspunkte des Künstlers auf seinem geheimnisvollen Weg», nicht um «Vorwegnahmen», sondern um ein «Rechenschaftgeben von einer Arbeit, die nicht vorweg begriffen war» [143].
Wir wollen in der Betrachtung dieses Lebenswerks innehalten und auf einige Aspekte aufmerksam machen, die von Nebel, zur Förderung des Verständnisses seiner Bilder, immer wieder formuliert worden sind. Wiederholungen finden sich zum einen deshalb, weil die ersehnte Anerkennung so lange ausblieb, zum andern, weil manches zu Lebzeiten unveröffentlicht blieb und somit stets neu überdacht oder bestätigt werden musste.
Wir haben schon darauf hingewiesen, dass für Nebels ganzes Schaffen das zeichnerische Element zentral ist. In seinen 1936 als Einführungsvortrag [144] gedachten Äusserungen heisst es, dass die «Kunst der Zeichnung der Malerei erst die tiefere Geistigkeit, die eigentliche Grundlage» verleihe. «Denn sie gibt dem Bilde die Gesetzlichkeit, ohne welche weder kunstvolle Ordnungen, noch gar Wirkungen von Dauer entstehen können.» Dieser Grundsatz gilt nicht nur für seine «gegenständlichen» Werke, auch die abstrakten Gemälde und Bildblätter hat er zuerst zeichnerisch entworfen. Mit diesem Gerüst schuf er das «sinngebende Zeichen», das in den Runen der Dichtungen seine Entsprechung fand [145].
Anschliessend wurden mittels unterschiedlicher Strichstärken die verschiedenen Gewichte angedeutet: «So rückt das zeichnerische Kunstwerk aus der Zone der selbständigen Schwarz-Weiss-Kunst in die Zwischenzone der Vorbilder zur Malerei.» [146] Dieses Gewichteverteilen liegt auch dem *Farben-Atlas von Italien* zugrunde. Doch die Farben selbst sind, gemäss den Grunowschen Erkenntnissen, auf die sich Nebel ja stützte, nicht an «irdische Stoffe gebunden», sondern sie gelten als «seelische Kräfte» und «lebensspendende Lichtmacht, die jedem Menschen innewohnen». Wären die Farben nicht als «unterschiedliche Schweren und Lichter» im Menschen

selbst, könnte man sich bei geschlossenen Augen beispielsweise kein Rot oder irgendeine Farbe vorstellen. Goethe hat es in der Einleitung zu seiner Farbenlehre mit folgenden Versen ähnlich formuliert:

«Wär' nicht das Auge sonnenhaft,
Wie könnten wir das Licht erblicken?
Lebt' nicht in uns des Gottes eigne Kraft,
Wie könnt' uns Göttliches entzücken?»

Die «innenweltlichen Farbformen» gliedert Nebel demzufolge in drei Gleichgewichtsordnungen: eine einwertige oder «durchsichtige», eine zweiwertige, «durchscheinende» und «schwebende», und eine dreiwertige, die «lufträumig» ist und das «geistige Licht spendet». Die drei Dichtigkeitsgrade der Farben entsprechen den drei Stoffzuständen fest–flüssig–gasförmig, zugleich auch den drei «Kraftzonen unterschiedlich geistigen Erleuchtetseins»[147]. Der Farbe kommt somit die Aufgabe zu, das, was zuerst zeichnerisch angelegt, dann nach Gewichten geordnet wurde, allmählich mit «Sinnwerten der seelischen Erleuchtung», die als «Bildwerte den unterschiedlichen Dichtigkeitsgraden» der geistigen Substanz entsprechen, zu erfüllen. Nicht zufällig erhielten gleich mehrere seiner Werke den Titel *Erleuchtet* (z. B. Abb. 60, Abb. 73). In den Bildern selbst ist diese Dreiteilung der Gewichte nicht immer

60 Erleuchtet, 1947

ohne weiteres zu erkennen. Nebel stellt an den Betrachter hohe Anforderungen und Erwartungen. Er gliederte die menschliche Wahrnehmung von Kunst in drei Zonen: die «Wahrnehmung des Sinnfälligen», das «Innewerden der Sinngehalte und die Deutung der seelischen Befunde», und schliesslich die «Erfassung des Übersinns», die «geistvolle Wertung der übersinnlichen Befunde»[148]. Er vertraute also der «Einfühlung in die Gegebenheiten, welche eine geistige Ordnung offenbaren, die für jeden kunstnahen Menschen ablesbar» blieben. Der Versuch einer in Worten ausgedrückten Erklärung des «inneren Sinnes der Malerei» empfand er als müssig. Kunsthistorikern gegenüber war Nebel zeitlebens skeptisch eingestellt. Eine Ausnahme bildet Konrad Fiedler, dessen Aufsatz *Über die Beurteilung von Werken der bildenden Kunst* er erstmals 1933 lobend zur Kenntnis nahm[149]. Während einer erneuten späteren Lektüre versah er zahlreiche Stellen mit Ausrufzeichen, fand er doch darin eigene Anliegen bestätigt, wie zum Beispiel die Aussage, dass ein «eigentliches Verständnis der Kunstwerke nur auf Grund eines künstlerischen Verständnisses der Welt» möglich sei, und dass «die philosophische Überlegung weit davon entfernt ist, dass sie den Anspruch erheben könnte, eine höhere Entwicklungsstufe der künstlerischen Überlegung zu sein, diese vielmehr in ihrer Entwicklung unterbricht und zum Stillstand zwingt»[150]. Wenn Fiedler im weiteren schreibt, dass die «höchsten Erkenntniskräfte, solange sie philosophisch tätig sind», untauglich seien, wo es

Aus dem Heft «Farbproben», 1958–1959

sich um die Erkenntnis des innersten Wesens der Kunst handle, so lässt sich dies aus seiner engen Freundschaft mit dem Maler Hans von Marées und dem Bildhauer Adolf Hildebrand erklären; durch den ständigen lebendigen Bezug zu deren Ateliers wurde ihm die Realität des Künstlertums vor Augen geführt; ihnen verdankte er die «Fähigkeit zum mitschöpferisch anschauenden Erleben des Kunstwerks»[151].

In seiner 1954 erschienenen Schrift *Worte zu Bildern* rät Nebel, jedes Kunstwerk als ein «Gleichnis der inneren Wandlung» zu empfinden und nachzuerleben. Wer das tue, werde das Geschaffene auch sinnentsprechend erfassen. «Alle hohe Kunst ist Geistgestalt formbildenden Empfindens; eine Entsprechungsart des Erleuchtetseins.»[152] Die Farbe ist also eine «seelische Kraft» oder, in Übereinstimmung mit Goethes Definition von Farben als «Taten des Lichts»: «Sinnerfüllte Lichtmacht», «Urlicht des lebendigen Innen»[153]. Diese Erkenntnis entspricht zudem manchen Äusserungen Kandinskys, der seinerseits – wie Mondrian ja auch – sehr stark von theosophischem Gedankengut durchdrungen

war[154]. Aber auch für Gleizes waren die verschiedenen Farben unterschiedliche Licht-Massen[155], und Delaunay spricht in dem von Paul Klee für den «Sturm» übersetzten Aufsatz *Über das Licht* von dem «aus der Tiefe der Empfindung erfassten Licht als Farben-Organismus aus komplementären Werten», durch dessen Entdeckung man zu einer «universalen Wirklichkeit von grösster Tiefenwirkung» gelangt sei[156].
Richtungweisend und bestätigend, ja ausschlaggebend war für Nebel die Begegnung mit den Schriften Emanuel Swedenborgs. 1939, bezeichnenderweise am Tage des Kriegsausbruchs, hatte seine Frau sie von der Leihbücherei ins Haus gebracht. Ins Tagebuch notierte er: «Bei Swedenborg sind deutlichst die seelischen Geschehnisse, die die Grunow-Forschungen betreffen, behandelt, so dass für den Wissenden klar ist, dass der erleuchtete Geist des schwedischen Sehers alle Zusammenhänge zwischen Körper und Seele, zwischen Geist und Schöpfung gewusst haben muss. Seine Bücher sind von einer unüberbietbaren Weisheit. Ein Wink des Himmels, sie grade jetzt in die Hände zu bekommen.»[157] Sie sollten ihn inskünftig fast täglich beschäftigen, sie waren ihm Ermunterung und Trost zugleich und wurden ihm zu «unentbehrlichen Hilfen»[158]. Sie zeigten ihm noch deutlicher als das *I-Ging*-Buch den Weg. Der neugefundene Glaube, das Vertrauen, nicht in ein kirchlich gebundenes Christentum, sondern in das «Schöne» als das «Himmlisch-Wahre» (Swedenborg), bestärkte ihn in seinem Sendungsbewusstsein und in der Auffassung, dass in Zeiten der «Verrohung» die Menschen «die geistige Kunst notwendiger als sonst» brauchen würden[159].
Wenn Nebel nachdrücklich betont, es sei nicht die Aufgabe der Malerei, das «Sichtbare der Natur optisch nachzumachen», sondern die «unerschöpflich grosse Lichtwelt im Innen-All des Menschen zu Gesicht zu bringen diesseits»[160], entsprach dies einer Auffassung der Zeit. Es war ein weltanschauliches Phänomen, das in der deutschen Romantik seine Wurzeln hat und zu Beginn unseres Jahrhunderts neu auflebte. Die Bahnbrecher haben es, jeder auf seine Weise, formuliert. Schon Gauguin fragte: «Warum sollten wir nicht dazu gelangen, Farbharmonien zu schaffen, die unserem seelischen Zustand entsprechen?»[161] Auch Klees Ziel war es, eine «Synthese von äusserem Sehen und innerem Schauen» zu schaffen[162]. Seine *Schöpferische Konfession* beginnt er mit dem vielzitierten Satz: «Kunst gibt nicht das Sichtbare wieder, sondern macht sichtbar.»[163] Für Mondrian seinerseits war die «rein gestaltende Kunst» die «Vereinigung des Individuellen mit dem Universellen»[164]. Und für Kandinsky war jede Form nur das Mittel zum Zweck, zum Aufbau eines neuen Kosmos, einer «höheren kosmischen Harmonie»[165].
Die Kunst Otto Nebels stand von ihren Anfängen bis zum Schluss unter den hier skizzierten Vorzeichen. Eigentlich ist es eine religiöse Kunst, ähnlich wie Mondrian meinte, der sagte: «Wenn man nicht die Dinge darstellt, bleibt Raum für das Göttliche.»[166] Nebel selbst äusserte sich einmal dahingehend, dass religiöse Kunst keineswegs gegenständlich zu sein brauche. Des Künstlers Pflicht war seiner Meinung nach, göttliche Gesetzhaftigkeiten blosszulegen[167]. Das Kunstwerk erfüllt nicht Selbstzweck, nie ging es ihm um «Formspielerei». Er hatte keine Sympathien für die «Journalisten der Farbe» oder «Literaten der Fläche», wie er die «ungeistigen Künstler» zu bezeichnen pflegte. Seine ganze Kraft setzte er in den Dienst einer höheren Ordnung, die zu gestalten Aufgabe des Künstlers ist, sei es in Worten, sei es mit bildnerischen Mitteln.
Die Malerei unseres Jahrhunderts hat viele Wege eingeschlagen, Nebel setzte den seinen unbeirrt fort, auf der Suche nach den «Ur-Bildern» einer neuen Gegenständlichkeit. Deshalb lässt sich seine Malerei nur schwer einem der beiden von Werner Hofmann definierten «Weltentwürfe des 20. Jahrhunderts» zuordnen[168]. Sie ist sowohl «Wirklichkeitsinterpretation» wie auch «Wirklichkeitserfindung». Eher befriedigt der von Arnold Gehlen für die abstrakte Kunst erweiterte Terminus der «peinture conceptuelle» von Apollinaire[169], der Begriffskunst also. Denn obwohl Nebel im Grunde die Kommentarbedürftigkeit seiner Malerei bestritt, scheint jedes seiner Bilder die Kenntnis seiner tiefgründigen Weltauffassung vorauszusetzen. Der Betrachter wird aufgefordert, sich aktiv damit auseinanderzusetzen, um die Zeichen sinngemäss zu erfassen. Mit ihnen will Nebel nicht eine bessere Wirklichkeit heraufbeschwören; er will die allgemeinen Kundgebungen der Schöpfung rühmen, die stets seine Hauptanregungsquelle war und blieb.

Zu Nebels ungegenständlicher Kunst

«Keine Schau ist völlig sagbar,
Keine Sage völlig schaubar.»
O. N.

Im Februar 1938 begann Nebel aus Ordnungsgründen das jährlich um mehrere hundert Nummern anwachsende Lebenswerk neu zu gliedern und bei der Inventarbezifferung seiner Bilder eine Unterscheidung zwischen sogenannt gegenständlichen und ungegenständlichen Werken zu treffen [170], obwohl er eine derartige Einteilung im Grunde ablehnte. Sieht man von den Neugestaltungen der Kathedralen, den Zeichnungen und einigen Mosaiken ab, findet sich inskünftig ohnehin kaum mehr «Gegenständliches»; die Musartaya-Reihe bildet sozusagen dessen souveränen Abschluss. Die U-Bilder (U = ungegenständlich) beginnen mit *Scherzando Fiorentino* (U 1/1938), einem – sich nicht im Nachlass befindenden – Deckfarbenblatt, das zu den Arbeiten in der feinstrukturierten Pinsel- und Federstrichtechnik, verbunden mit «Punktschleierwirkungen», gehörte. «Um Florentinisches ins Malwerk zu dichten, scheute ich keine Mühe und Geduldsprobe», heisst es im Kommentar dazu [171]. Nach der Beschreibung scheint sich das Blatt kaum merklich von bereits früher Angestrebtem unterschieden zu haben. Die Suche nach der Sichtbarmachung des «Unsagbaren» führte Nebel vermehrt zum Verzicht auf Mimesis und zur Beschränkung der Mittel. «In meiner Kunst stehen nur Dinge ... reine Geschehnisse innersten Lebens.» [172] Hiernach sei versucht, diesen nicht ohne weiteres fassbaren Dingen etwas näher zu kommen. Nebel lehnte es ab, «Auskünfte über die Tiefenerlebnisse zu geben, denen er die Vorbedingungen zu seinen Arbeiten verdankt» [173]. Auch seine Tagebücher geben lediglich den Tagesablauf, Begegnungen mit Menschen und Büchern, Ausstellungsbesuche und Natureindrücke sowie die politischen Umwälzungen der Zeit. Im Werk-Katalog notierte er die farblichen Werte und formalen Akzente; über die Einflüsse, die ihm die Hand führten, schweigt er sich meistens aus, seien sie auch noch so bewusst erlebt [174]. In seinen Bildkommentaren finden sich nur ausnahmsweise Andeutungen, die für ein Verständnis seiner Bildsprache tiefere Einblicke geben können. So heisst es zum Beispiel im Eintrag zu *Dui, das Heitere* (Abb. 61): «Die alten Chinesen bezeichnen mit ‚Dui' sowohl das Heitere als auch den See. Im schweizerischen Seelande aber entstanden alle bisher (seit Kriegsausbruch) verwendeten Zeichnungen.» [175] Hier hat der Künstler erstmals in Zusammenhang mit einem seiner Werke direkt auf das chinesische Orakelbuch *I-Ging* hingewiesen, dessen Geist in manch einem seiner Bilder verborgen zu liegen scheint. Auf dem Blatt, dem der zitierte Satz gilt, sind über einem gelbockerfarbenen Grund in der unteren Bildhälfte drei sichelförmige Bogen –

61 Dui (Das Heitere), 1939

zwei hellere nach oben, der dritte nach unten geöffnet – gemalt, alle in unterschiedlichen Grau-Blau-Tönen und «Punktschleier»-Bearbeitung. Aus dem rosa Quadrat rechts oben scheinen sich die zahlreichen kleineren Einzelformen über die Fläche zu ergiessen, locker schwebend. Den Bildtitel lieferte eines der acht Trigramme, die im *Buch der Wandlungen* als Bilder himmlischer und irdischer Vorgänge aufgefasst werden. Das Bild von «Dui» ist der «lächelnde See». In seiner Verdoppelung bildet es das 58. der insgesamt 64 Hexagramme, die dem Schafgarbenorakel zugrunde liegen, und zeigt «zwei aufeinander beruhende Seen» als Symbol des «Heiteren». Ohne hier auf die Komplexität dieses Weisheitsbuches eingehen zu müssen, das durch die Übersetzung und Erläuterung von Richard Wilhelm in den zwanziger Jahren im Westen weite Verbreitung erfuhr, erkennen wir, dass Nebel hier darauf Bezug nimmt. Dort heisst es beispielsweise: «Das Feste ist in der Mitte und das Weiche ist aussen»[176] und «Wahre Freude beruht also darauf, dass im Innern Festigkeit und Stärke vorhanden ist, die nach aussen hin weich und milde auftritt»[177]. Es ist kaum eine Überinterpretation, in den beiden Sichelformen unten die beiden «lächelnden Seen» deuten zu wollen, deren Aufwärtsstreben die entsprechende dunkle, umgekehrt geöffnete Einhalt

62 Das blaue Gebinde, 1947

gebietet und die Mitte betont. Da in den taoistischen *I-Ging*-Kommentaren, im Unterschied zum Kreis als dem Symbol des Himmels, des schöpferischen Elements, das Quadrat die Erde als das empfangende Element versinnbildlicht, da anderseits Nebel in seinen *Kunstwürdigen Wertungen,* in denen er sich über die Wirkungen der einzelnen Farben äussert, dem «rosigrot» «Auftriebshelligkeit, die emporhebt und der man die Wärme ansieht» [178] zuschreibt, findet sich auch hier eine erstaunliche Übereinstimmung. Denn das *I-Ging* sagt, dass die «wahre Freude aus dem eigenen Innern» quellen müsse [179], also aus dem Menschen selbst heraus, dem irdischen Wesen, während «äusserliche Freude» die «Leere des Wesens» zur Folge habe. Ausgehend vom Aufenthalt im Seeland als äusserem Anstoss hat Nebel sich zur Gestaltung seiner «Ode an die Freude», wie das Blatt auch heissen könnte, beim *I-Ging* Rat geholt.
Nicht immer aber ist eine derartige Anlehnung so offenkundig. An anderer Stelle finden wir im Werkverzeichnis den Eintrag: «Das Bildwesen der geschlängelten Form, das seit dem Sommer vorigen Jahres eine Betonung erfahren hat, kommt in vielen Entwürfen in reicher Abwandlung vor und rückt in die unmittelbare Nähe des altchinesischen ‚Drachenmotivs', über dessen Bedeutung als Gleichnis des Schöpferischen endgültig Eindeutiges bekannt ist.» [180] Das Prinzip des Schöpferischen spielt im *Buch der Wandlungen* eine dominierende Rolle. «Kiän», das «Schöpferische», dessen Bild der Himmel ist, ist das erste der acht Tri-

gramme, seine Verdoppelung das erste der Hexagramme, das symbolisiert wird durch den am Himmel fliegenden Drachen. Nebel wusste also auch, dass der Drache Symbol war für die nie erlahmende, sich immer bewegende Kraft. Somit ist die in seinen Bildern häufig anzutreffende Schlängelform ein Hinweis auf das Schöpferische im Sinn des *I-Ging,* sei es nun als Dominante (wie im *Blauen Gebinde* [Abb. 62], in der *Schwalbenbotschaft* [Abb. 63] u. a.) oder aber als eines unter vielen Motiven (wie in einigen Jahreszeitenbildern).

Die Autoren des Orakelbuches teilten den schöpferischen Vorgang innerhalb des menschlichen Kosmos in zwei Stufen[181]. Wir ahnen, wie sehr Nebel, als er 1935 erstmals darauf stiess, hier verwandte Gedanken vorfand, da diese altchinesischen Sinnsprüche den gleichen Urglauben an das Walten «himmlischer Kräfte», der Vorsehung, einschliessen, dem er wenige Jahre später auch bei Swedenborg begegnete[182]. Die Lektüre der Werke des schwedischen Denkers löste dann auch die regelmässige Beschäftigung mit dem *Buch der Wandlungen* allmählich ab, doch hat er weiterhin zuweilen darin Rat gesucht. Darauf zurückführen lässt sich auch die grosse Anzahl von Jahreszeiten- und Monatsbildern. Denn nach der altchinesischen Auffassung gibt es «nichts Veränderlicheres und Zusammenhängenderes als die vier Jahreszeiten»[183]. Sie sind wie die Tageszeiten und die Lebensabschnitte die Wandlungen, die dem unveränderlichen Naturgesetz folgen. Nach *I-Ging* ist es das «Schöpferische», das die «unsichtbaren Keime allen Werdens wirkt»[184]. Jede Gestaltung in der sichtbaren Welt folgt somit den gleichen Regeln wie der Wandel makrokosmischer Erscheinungen, was zugleich das Wesentlichste der Kunstauffassung Nebels resümiert.

Die Reihe der Jahreszeitengleichnisse setzt schon in den dreissiger Jahren ein; eines ihrer ersten ist die *Herbstfeier* (Abb. 64). Zunächst sehen wir frei über die Fläche gestreute Quadrate und Rechtecke, die sich zum Teil überlagern, sowie zwei sich in Geraden verästelnde Gebilde. Die Vierecke können als fliegende Blätter, die grauen Stengel als kahles herbstliches Astwerk gedeutet werden. Die «Punktschleierbehandlung» verleiht dem Laub das «Schwebende» und nimmt dem Bild das Statisch-Erstarrte, das dem pastosen dunklen Bildgrund eigen ist. Das Gemälde zeigt sich heute nicht mehr in seiner ursprünglichen Fassung, der Künstler hat es später überarbeitet. Anstoss dazu gaben vermutlich gewisse «formkundliche Untersuchungen», wie er deren im Herbst 1939 anstellte, als er gepresste Herbstblätter in kleine rechteckige Stücke schnitt und diese nach Art des Farben-Atlasses ordnete und aufklebte: «Die Blätter sind in der Tat verbrannte Lungen, Opfer des Sonnenbrandes ... Mir ist ein glutrot-schwarz geröstetes Herbstblatt ein ergreifenderer Gottesbeweis als manche weise Darlegung aus der Feder grosser Denker. Gott ist die geistige Sonne! Die andre Sonne verbrennt die Blätter zu Laub-Asche, zu Staub. Das tote Blatt zerfällt, aber welche Schönheit des Todes in diesen Tönungen. Und welche Schrecklichkeiten im Verwelkten!»[185]

Ein Gegenstück zur *Herbstfeier* könnte das *Sommerliche Sinngefüge* (Abb. 65) sein, die Sattheit der Erntezeit strahlt uns hier entgegen. Rot wird auch in den *I-Ging*-Kommentaren dem Sommer zugeordnet. Zum saftig-roten Grund kontrastieren die grün-gefüllten Formen – das Naturgeschehen hat seine volle Reife erlangt.

Farbliche Assoziationen lassen sich bei den meisten Jahreszeitenbildern herstellen. Im *Winterhymnus* von 1944 verwendete Nebel Zinnoberrot als Farbe der «unsterblichen Hoffnung» für den Winter als dem «Vorbereiter neuen Blühens». Im *Winterlichen Sinngefüge* (Abb. 66) heben sich hartumrissene, schablonenartige Formen von der mattweissen, körnig-flockig aufgetragenen Grundierung ab, ähnlich wie im zehn Jahre später entstandenen Gemälde *Winterlich.*

Häufig sind die Bildtitel Entlehnungen aus dem musikalischen Bereich. Wie den *Winterhymnus,* gibt es auch den *Sommer-* und den *Herbsthymnus,* im weiteren den *Osterpsalm,* die *Kleine Lenzsonate,* die *März-Ode* und *August-Klänge,* um nur einige zu nennen. Poetische Metaphern sind auch die Namen zu einer grossen Anzahl von Bildern, die die dominierende Farbe zum Inhalt haben: *Das Blau gibt Raum, Blau besiegelt, Grün beflügelt, Mit dem Ockerstreifen, Gelbe Botschaft.* Gelb als Farbe des Lichts spielt überhaupt eine sehr wichtige Rolle. Ein frühes Beispiel ist das Ölgemälde auf Gipsgrund mit Sandbeimischung: *Begebenheiten im Lichtgelb* (Abb. 67). Einige kompakte, an Nebels bauwerkliche Kom-

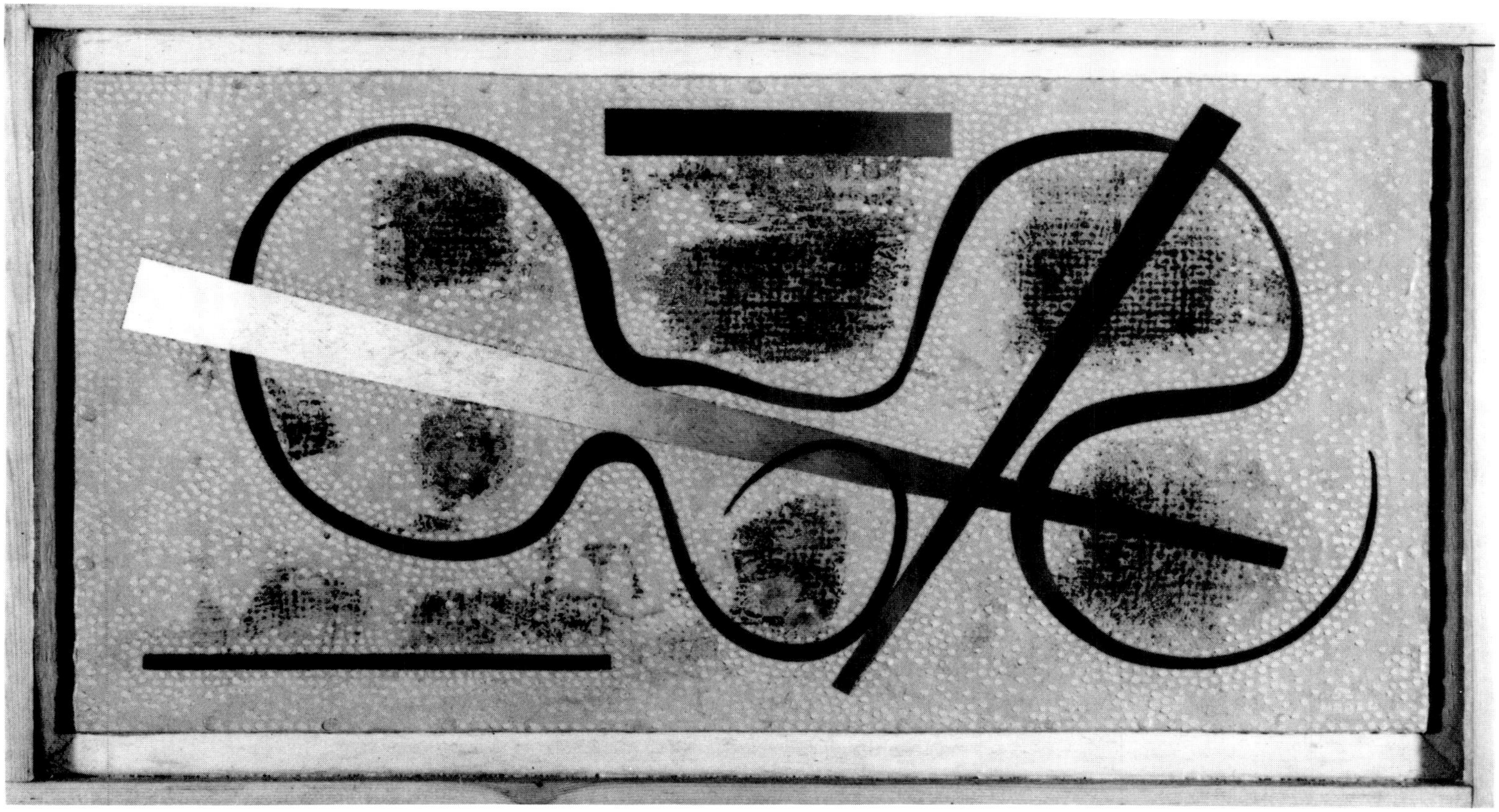

63 Schwalbenbotschaft, 1952

positionen jener Zeit gemahnende Formen heben sich von der leuchtenden Fläche ab. Einfarbige Grundierungen hat er stets vermieden, sie entbehrten seiner Meinung nach der «Tiefe», die für die Gewährleistung der unterschiedlichen «Dichtigkeitsgrade» notwendig sei. Deshalb überdeckte er auch hier die gelb bearbeitete Leinwand mit einem dichten Schleier feiner rötlicher Punkte, um eine Tiefenwirkung zu erzielen.
Drei sich überlagernde Ebenen finden sich in dem Gemälde *Gelb umgaukelt* (Abb. 68). Über einem «lufträumigen» Grund sind vier grossflächige unregelmässige Formen gelagert, die durch fünf «Riegel» verschiedener Länge belebt und zusammengehalten werden. Nebel nennt sie das «Rückgrat» der Kräfte im Bilde, da durch sie dessen drei wesentliche Farben – Grün, Hellviolett und Ockergrau – durch «leise Verschattung» in sich bestärkt werden. Rahmende heitere Akzente setzte der Künstler nicht nur mit den feinen gebogenen Ockerlinien, sondern auch durch die über die ganze Bildfläche gestreuten, insgesamt 41 gelben «Blätter», die die Hauptformen «umgaukeln», wie der Titel besagt. Nebel weist ausdrücklich darauf hin, dass die «eigentliche Beleuchtung der Schau aus dem dergestalt geöffneten und zudem lebhaften bewegten und bewegenden Gelbscheine» kommt[186].
Spannungsmomente erbringen nicht nur farbliche, sondern auch formale Akzente, so zum Beispiel in dem quadratischen Holztafelbild *Befreit (Deliberato, Liberated)* (Abb. 69).
Die Verwendung von Harzölfarben auf gehöhter Tempera-Untermalung

64 Herbstfeier, 1934–36/1959

65 Sommerliches Sinngefüge, 1941

66 Winterliches Sinngefüge, 1940

67 Begebenheiten im Lichtgelb, 1937

68 Gelb umgaukelt, 1939

69 Befreit (Liberated), 1939

70 Schwarze Singweise, 1935

bringt die Bildfläche optisch in Bewegung, die dunklen reliefartig festen Formen schweben gleichsam vor dem punktierten hellen Grund. Eine Schar von vier Sicheln entweicht zum linken oberen Rand. «Ihre Herkunft aus der Beengung wird ablesbar an der gleichartigen Farbform rechts unten, die noch nicht aus der Bedrängnis befreit ist», schreibt der Künstler im Werkverzeichnis [187]. Ein schmaler Bumerang betont die entgegengesetzte Diagonale bis zur Mitte hin. Drei rötliche Dreiecke streben ihrerseits nach unterschiedlichen Richtungen, während die beiden sich überlagernden Gebilde als die «ruhenden Pole» zu deuten sind, die den Zusammenhalt der bewegten Komposition gewährleisten.
Nebel erkannte Schwarz als Farbe an, die, wo immer sie «erklinge», «grosse Würde» ausstrahle [188]. Im Gemälde *Schwarze Singweise* (Abb. 70) sind, wie die Noten einer musikalischen Komposition, die Vier- und Dreiecke – sich an den Ecken berührend – zueinander gruppiert, einige alternierende Grauwerte lockern das fugenartige Gerüst auf. Die Wellenlinie und der Kreis darüber setzen melodische Akzente. Die Konturen begleitet allseits eine grüne Schattierung.
Nicht nur als «Masse» besitzt Schwarz für Nebel «urhafte Kraft und schönste Eigenwesenheit», verdünnt zur Linie tritt es noch häufiger in Erscheinung. Schwarz, wie Kontrastfarben allgemein, verwendete er in einer grossen Anzahl von Werken, die wir die «Runenbilder» nennen möchten, wobei Rune als verschlüsseltes Schriftbild, als Bedeutungs-

71 Runen bei Vollmond, 1954

72 Kleine Tafel für grosse Wisser, 1941

träger nach Art der Kalligraphie zu verstehen ist. «Meine Malerei ist Dichtung, die Schwester meiner Wortkunst. Wo die Sprache aufhört, beginnt die Runenordnung der Sinnzeichen. Jedenfalls ist *das* mein Verfahren, und es ist ein zeitloses Mittel, die unsichtbaren Befunde sichtbar zu machen», lautet einer von Nebels «Merksätzen»[189].

Häufig hebt er die Zugehörigkeit zu den Runenbildern im Bildtitel hervor: *Runen bei Vollmond* (Abb. 71), *Runen des Sommers, Schicksalsrunen, Runen der Zuversicht, Runen und Kreise.* Andere Werke weisen ähnliche Merkmale auf: *Mit den neun Urzeichen, Mit geheimen Kräften, Kleine Tafel für grosse Wisser* (Abb. 72), *Helle Inschrift, Erleuchtet.* Das Letztgenannte (Abb. 73) zeigt ein braun-schwarzes Runengerüst auf einem transparenten leuchtenden Grund aus feinabgestuften Grün-, Grau- und Rottönen, durch den die Fischgratrasterung des verwendeten Hanfgewebes noch durchscheint. Das von Nebel theoretisch festgelegte Prinzip der unterschiedlichen «Dichtigkeitsgrade» ist hier besonders augenscheinlich.

Zu den Runenbildern gehört auch die *Fuge in Graublau* (Abb. 74) – eine der ungewöhnlich grossformatigen Leinwände, wie sie seit den fünfziger Jahren öfters vorkommen – aus dem Jahre 1962, die eine in Berlin zerstörte Version von 1932 ersetzen sollte. In den blau-grau punktierten Umraum sind Zeichen in unterschiedlichen Blautönen gesetzt, einige kleine rote Punkte als Kontraste hineingestreut. Eine grosse mohnfarbene Rundform «bringt strahlende Wärme», wie Nebel

meint[190]. Sich von den sonst behutsam aufeinander abgestimmten Farben und fein bearbeiteten, ausbalancierten Zeichen abhebende Formen tauchen häufig auf. Nicht selten befremden sie, immer wieder zwingen sie des Betrachters Blick auf sich, hindern ihn, sich zu verlieren. Hiermit wollte Nebel vermutlich Mahnmale setzen, sind uns doch seine Intentionen bekannt, die von der althergebrachten Vorstellung des «Deus artifex» geprägt sind: er wollte an die eine «lichtspendende Kraft» erinnern, in der alles Schöpferische seinen Ursprung hat.
Die frühere Fassung der *Fuge in Graublau* war hochformatig gewesen. «Ich nenne sie die ‚ligurische'. Nach meinem Besuche der Insel Delos wusste ich, dass die Endfassung des Bildes eine Querlösung werden müsse. Diese nenne ich die ‚ägäische'.»[191] Diese neue Fassung entstand unmittelbar nach der Rückkehr von einer grossen Schiffsreise, die den Siebzigjährigen nicht nur nach Griechenland, sondern auch erstmals in orientalische Gegenden führte: in den Nahen Osten und an das Schwarze Meer. Das grosse Gemälde ist das erste Resultat eines Erlebnisses, dessen Nachklang noch lange spürbar bleibt und das nicht nur nachhaltig sein künftiges malerisches Werk beeinflusste, sondern ihn zugleich mit einer Formen- und Farbenwelt zusammenbrachte, die er ahnend längst in sich getragen hatte. In verblüffender Weise sah er hier sein Lebenswerk bestätigt. Bereits in Dubrovnik befiel ihn das Gefühl, «in einer Schwestergründung» seiner erfundenen «Stadt der tausend Anblicke» gelandet zu sein[192]. Über

Athen, Akropolis, 1962

Istanbul und das bulgarische Varna führte die Fahrt an der russischen Küstenstadt Sotschi vorbei, zurück durch den Bosporus und nach dem türkischen Bursa, der osmanischen Stadt mit ihrer von 19 Kuppeln bekrönten «Grossen Moschee». «Hier schlug mir die arabische Riesen-Runenschrift entgegen wie die Stimme einer gewaltigen Glocke ... Bursa: die grösste Bestätigung meiner ungegenständlichen Bilderkunst; etwa wie Chartres zur grössten meiner Dombaubilder geworden war.»[193] Ohne an Bord viel gezeichnet zu haben, beginnt er nach der Rückkehr das Geschaute auszuschöpfen: in der sechzig Blätter umfassenden *Nah-Ost-Reihe,* die als Summe seines bisherigen ungegenständlichen Werkes angesehen werden kann. Jedes dieser grossformatigen Blätter ist ein «Erlebnisbericht», Nachhall persönlicher ästhetischer Erfahrung der Farbenpracht der Landschaft und der Baudenkmale. Es ist bezeichnend, dass Nebel selbst einmal es eine irreführende Fehldeutung nannte, wenn man in Werken ungegenständlicher Maler fernöstliches Formengut erkennen wolle. Es gebe keinen «erdhaften Osten». «Osten ist im geistig-himmlischen Sinne dort, wo dem emporblickenden Menschen in der seelischen Erleuchtung die geistige Sonne erscheint.»[194] Diese These beruht zwar auf seiner Auseinandersetzung mit Swedenborg und entspricht durchaus seiner allgemeinen Auffassung von «geistiger Malerei», doch erstaunt sie insofern, als inzwischen mehrere Darlegungen zur Orient-Rezeption in der modernen Kunst vorliegen[195]. Nebel lehnt sich an keinen

73 Erleuchtet, 1960

klar definierbaren aussereuropäischen Kulturkreis an, wie beispielsweise Klee oder Le Corbusier, für die die Begegnung mit der mohammedanischen Welt in jungen Jahren bestimmend gewesen war [196]. In den sechziger Jahren zeigte Simone Heller, in der Nebel eine wertvolle Förderin gefunden hatte, in ihrer Pariser Galerie dreimal unter dem Titel «Permanence poétique» seine Werke Seite an Seite nicht nur mit Skulpturen aus Schwarzafrika, sondern auch mit archäologischen Fundstücken aus dem Nahen und Fernen Osten. Man hat hier den Versuch unternommen, die ungegenständlichen «Sinn-Gefüge» (wie Nebel sie nennt) eines Künstlers der Gegenwart mit archaischen Ausdrucksformen zu vereinen, nicht als Kontrast-Phänomene, sondern um ihres gemeinsamen Nenners willen, der «poetischen Permanenz». Es handelt sich nicht etwa um formale Kriterien, die eine solche «Verschwisterung» ermöglichten; nur selten übernahm Nebel direkt Formen von Ornamenten aus jenen fernen Welten, in die ihn seine Phantasie bei Museumsbesuchen und über Abbildungen entführte und in die er auf seiner Schiffsreise schliesslich noch selbst vordringen konnte. Direkte Anspielungen an seine optischen Erlebnisse finden sich selten, am ehesten wohl in der genannten *Nah-Ost-Reihe*. Zunächst sind es die arabischen und kyrillischen Schriftbilder, die den «Runen-Maler» und Dichter der Runen-Fugen in ihren Bann zogen (vgl. Abb. 75, 76). Dann wieder lockte es ihn, attische Säulenkanneluren in die Bildfläche einzubeziehen, wie zum Beispiel auf Blatt 57 (Abb. 77), auf dem man

74 Fuge In Graublau, 1962

75 Istanbul I, aus «Nah-Ost-Reihe», 1962

übrigens auch das bekannte Kykladenidol eines Harfenspielers von Thera zu erkennen glaubte. Doch derartige Rätsel zu entschlüsseln ist müssig, zuweilen allzu spekulativ. Wesentlich ist, dass ihm die Begegnung mit einer andern Geisteswelt eine echte Alternative bedeutete, ähnlich wie Willi Baumeister (mit dessen Bildern der vierziger und frühen fünfziger Jahre Nebels Werke übrigens manche Gemeinsamkeiten aufweisen) sich unter dem Zwang der inneren Emigration urzeitlichen Befunden zuwandte[197]. Dazu gehörte Nebels regelmässige Lektüre des *I-Ging,* sein vor allem in den vierziger Jahren betriebenes Yoga-Training sowie die Beschäftigung mit den japanischen NO-Spielen[198]. Dass er sich für das Zen-Denken, das zudem mit Äusserungen Swedenborgs gewisse Parallelen aufweist, so sehr interessierte, erstaunt kaum, versäumte er doch nie, darin Bezüge zu christlichen Wertvorstellungen zu ergründen.
Ein frühes Blatt Nebels trägt den Titel *Elf Kinder spielen Japan* (Abb. 78). Die Vorlage könnte eine Seite aus Hokusais *Mangwa* gewesen sein (Abb. S. 117), wobei zwar zudem ein Hauch Kleeschen Geistes eingedrungen zu sein scheint[199], doch bleiben formale Analogien vereinzelt. In Nebels Bildern ist es meistens der Zeichenduktus mit seinen verborgenen Sinnzusammenhängen, der uns fernöstliche oder orientalische Impulse in Erinnerung ruft.
In der Kunst des 19. Jahrhunderts blieben die «Japonismen» auf formale Anlehnungen ohne philosophischen Rückhalt beschränkt. So wirkten sich die Holzschnitte Hoku-

76 Sotschi III (Maisonntag), aus «Nah-Ost-Reihe», 1962

77 Attika I, aus «Nah-Ost-Reihe», 1963

sais und Hiroshiges direkt auf die Bildkompositionen Manets und der Impressionisten, auf die expressive Pinselführung van Goghs und auf die Buchillustrationen der Nabis aus. Doch erst die Künstler der durch Kriegswirren aufgewühlten und von neuer Technologie überspülten Zivilisation schienen sich für die inneren Zusammenhänge östlicher Kultur zu interessieren – auf mannigfache Art und Ausprägung drang sie in deren Bewusstsein. Nicht unwesentlich war für diesen Schritt die berühmte Dissertation von Wilhelm Worringer, *Abstraktion und Einfühlung,* in der der Autor an der Schwelle zur grossen Wende Ideen darlegte, wonach der Mensch zu allen Zeiten und in den verschiedensten Kulturkreisen zur Abstraktion gedrängt habe. Dieser Abstraktionsdrang sei «Folge einer grossen inneren Beunruhigung des Menschen durch die Erscheinungen der Aussenwelt und korrespondiert in religiöser Beziehung mit einer stark transzendentalen Färbung aller Vorstellungen»[200]. Es sei ein Zustand – von Worringer «geistige Raumscheu» genannt –, der sämtliche abstrakte Kunsterscheinungen zur Folge habe, im Unterschied zur «Kunst der Einfühlung» realistischer oder naturalistischer Richtung, die einem Gefühl der Harmonie erwachse. Worringers Thesen sollten in der neuen Kunst eine überzeugende Bestätigung finden.

Hokusai, aus «Mangwa», Vol. III

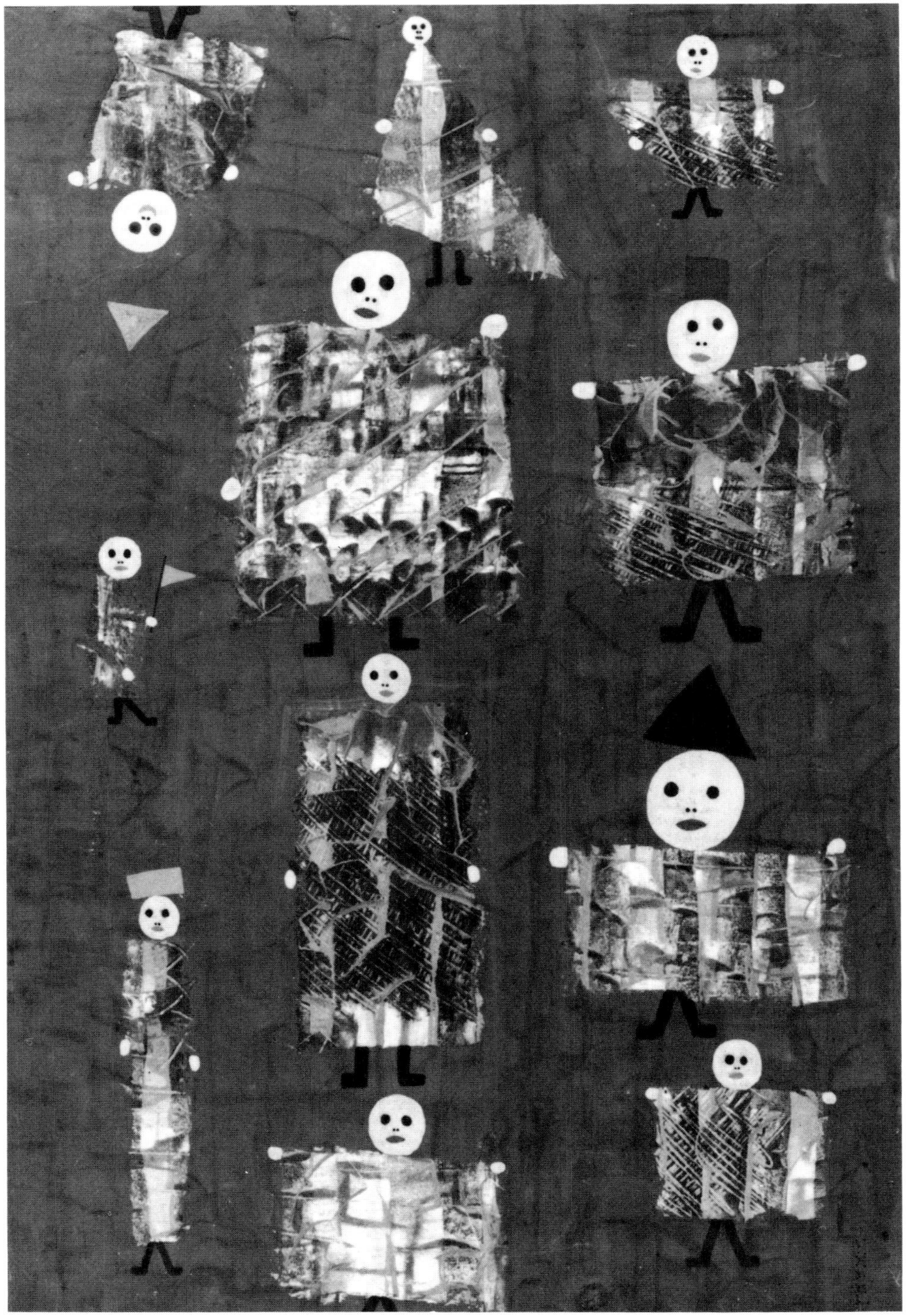

78 Elf Kinder spielen Japan, 1934

Im Atelier an der Gutenbergstrasse, 1952

Schlussbemerkung

«Ich will das Licht geben, keine dinghaften Erinnerungsbilder.»[201] Wie ein roter Faden zieht sich diese 1929 im Tagebuch festgehaltene Intention durch Nebels ganzes Schaffen. Das Jahrzehnt, das dem Künstler nach der grossen Seereise noch vergönnt blieb, brachte denn auch keine wesentlichen Neuerungen mehr. Seit 1950 spricht er selbst von seinem «Alterswerk», doch ist eine derartige Zäsur eher irreführend, da sich seine Kunst kaum in geschlossene Lebensabschnitte gliedern lässt. Vieles greift er nach gewonnener Distanz wieder auf und ändert es ab oder gestaltet es neu. Bisher nicht gekannte Möglichkeiten eröffnen ihm zudem 1966 die wasserlöslichen Acrylfarben, sie sollten fortan die Ölmalerei verdrängen.

Die letzten Jahre bringen ihm noch beachtliche, wenn auch späte Anerkennung, die, was für ihn bezeichnend ist, ein Neuüberdenken früherer bildnerischer Formulierungen auslöst. Zu den Ehrungen, die ihm zuteil werden, zählt die Auszeichnung seines noch 1962 publizierten Werkes *Goldene Spur* mit 34 Original-Linolschnitten und Sinnsprüchen als eines der «schönsten Bücher des Jahres». Besonders viel bedeuten ihm die Verleihung des «Grossen Verdienstkreuzes der Bundesrepublik Deutschland» (1965) und die Einladung der Berner Kunsthalle 1967 zu einer grossen Gesamtausstellung[202], die von der Presse einstimmig mit Lob bedacht und landesweit zur Kenntnis genommen wurde[203].

In die letzten Jahre fällt aber auch die Sorge um seinen Nachlass. 1969 erfolgt seine grosszügige Schenkung an das Kunstmuseum Bern; die Donation, die insgesamt rund 200 Werke – Ölgemälde, farbige Blätter, Zeichnungen und Graphiken sowie Skizzenbücher – umfasst, wurde dort 1971 in ihrer Gesamtheit ausgestellt.

Der weitaus grössere Teil von Nebels Hinterlassenschaft wurde jedoch einer noch von ihm errichteten Stiftung einverleibt, die nach seinem Hinscheiden das malerische und dichterische Vermächtnis betreuen sollte. Werke, die ihm besonders wichtig erschienen, hat er dabei als unverkäufliches Kernstück des Stiftungsgutes gekennzeichnet; querschnittartig sind darin sämtliche Schaffensphasen und Techniken vertreten, wobei diese persönliche Selektion einer mehr oder weniger objektiven Betrachtungsweise durchaus standzuhalten vermag; Nebel wusste erstaunlich gut, wo seine Stärken und auch seine Schwächen lagen.

Einen Schatten warf auf diese späten Jahre die altersbedingte Krankheit seiner Frau. Die Pflegebedürftige musste die Wohnung am Weissenbühlweg mit einem Heim vertauschen. Der Künstler blieb, auf sich allein gestellt, zurück, Freunde und Nachbarn standen ihm hilfreich bei. Eine lange Leidenszeit blieb ihm erspart, der Tod riss den Achtzigjährigen am 12. September 1973 unerwartet aus seiner nie erlahmenden Tätigkeit. Was er zurückliess, sind die Gemälde, die Zeichnungen, die Reihenwerke, die Bildblätter, die Skizzenhefte, die Linoldrucke und Mosaiken, aber auch die Dichtungen, Texte, Tagebücher, Werkverzeichnisse – Gedrucktes und Ungedrucktes. All dies hat sich folgerichtig und in engstem Zusammenhang mit seinem Leben ergänzt und durchdrungen.

1 *Herkunft und Bestimmung* (unveröffentlichtes Erinnerungsbuch über die Jahre 1892–1924), 1945/46, S. 151. Einige Auszüge daraus in: Otto Nebel, *Das dichterische Werk,* Band 3 *(Frühwerke, Schriften zur Sprache und zur Kunst),* herausgegeben von René Radrizzani, München, 1979, S. 52–70.

2 *Herkunft und Bestimmung,* op. cit. Anm. 1, S. 21.

3 Lothar Schreyer, *Erinnerungen an Sturm und Bauhaus,* München, 1956, S. 78.

4 *Herkunft und Bestimmung,* op. cit. Anm. 1, S. 109.

5 Ebda, S. 163.

6 *Der Sturm,* Berlin, 1920/21, Jg. X, Nr. 10–12, S. 130ff., 146ff., 162ff.; Jg. XI, Nr. 1–11/12, S. 6ff., 24ff., 40ff., 56ff., 72ff., 88ff., 108ff., 137ff., 160ff. Vgl. auch: Otto Nebel, *Zuginsfeld,* Herausgegeben und mit einem Nachwort versehen von Angela Köhler, Darmstadt-Neuwied, 1974; und: Otto Nebel, *Das dichterische Werk,* Band 1 *(Zuginsfeld, Unfeig, Das Rad der Titanen),* herausgegeben von René Radrizzani, München, 1979.

7 Vgl. Diether Schmidt (Hrsg.), *Manifeste Manifeste 1905–1933. Schriften deutscher Künstler des zwanzigsten Jahrhunderts,* Bd. 1 *(Manifest der Novembristen, Briefe, Richtlinien),* Dresden, 1964, S. 156–159; und: Freya Mühlhaupt, «Verelendung, Revolution und Kunst. Aspekte zur Entwicklung und Problematik proletarisch-revolutionärer Kunst in der Weimarer Republik», in: *Wem gehört die Welt – Kunst und Gesellschaft in der Weimarer Republik,* Ausstellungskatalog Neue Gesellschaft für Bildende Kunst, 3. überarbeitete Auflage, Berlin, 1977, S. 160–173.

8 Vgl. z. B. die beiden grossen Ausstellungen und Kataloge: *Paris–Berlin, rapports et contrastes France–Allemagne 1900–1933,* Paris, 1978 (deutsche Ausgabe: München, 1979); *Tendenzen der Zwanziger Jahre,* 15. Europäische Kunstausstellung, Berlin, 1977. Eine Quellenauswahl erschien in: *Die Zwanziger Jahre, Manifeste und Dokumente deutscher Künstler,* herausgegeben und kommentiert von Uwe M. Schneede, Köln, 1979.

9 Walden bot Nebel auch eine Stelle als Gehilfe im Ausstellungs- und Verlagsbetrieb an, das Arbeitsverhältnis währte jedoch nur wenige Monate. Um dennoch seine Unabhängigkeit vom Elternhaus zu sichern, versuchte Nebel danach bis zu seiner Heirat 1924 auch anderweitig in untergeordneter Stellung für seinen Lebensunterhalt zu sorgen.

10 *Herkunft und Bestimmung,* op. cit. Anm. 1, S. 198.

11 «Einschweifungen», *Der Sturm,* 1920, Jg. XI, Nr. 2, S. 22–23; «Glosse Berliner Dunstausstellung 1920», ebda, Nr. 3, S. 38–40; «Hermann der Wunderbare», ebda, Nr. 5, S. 77f.; «Zeitungsmärchen», ebda, Nr. 6, S. 85f.; «Totentanz», ebda, Nr. 9/10, S. 135f., «Schaltjahr», ebda, 1924, Jg. XV, Nr. 2, S. 112, u. a. m. Weitere Beiträge in *Der Sturm,* 1925, Jg. XVI; 1926/27, Jg. XVII; 1932, Jg. XXI.

12 *Das dichterische Werk,* Bd. 3, op. cit. Anm. 1, S. 24. Rekonstruktionsversuch des Wortlauts und Beschreibung des Runenbuchs vgl. ebda S. 24–34 und 330–333.

13 Wolfgang Laur, *Runendenkmäler in Schleswig-Holstein,* Neumünster, 1964. S. 10 (Die Bedeutung der Runen und ihre Verbreitung, Art der Inschriften).

14 *Das Rad der Titanen,* Zürich/Stuttgart, 1957. Vgl. auch: *Das dichterische Werk,* Band 1, op. cit. Anm. 6.

15 Reproduziert – mit Nebels Erlaubnis in vereinfachter Form – in: Otto Nebel, *Unfeig. Eine Neun-Runen-Fuge. Zur Unzeit gegeigt,* herausgegeben und eingeleitet von R. Radrizzani, Zürich, 1960 – Anhang.

16 Vgl. *Das dichterische Werk,* Band 3, op. cit. Anm. 1, S. 146.

17 Von anderen Voraussetzungen aus hatte schon der Dadaist Raoul Hausmann phonetische Gedichte komponiert. Anders, mehr «Spielereien mit Buchstaben», sind wiederum Apollinaires *Calligrammes.* Christian Morgensterns «Nächtlicher Fischgesang» (1905/1913) aus den *Galgenliedern* hingegen, aus abstrakten Zeichen an Stelle der Buchstaben zusammengesetzt, steht Nebels bildnerischer Umsetzung der Runen-Dichtungen schon näher. Vgl. dazu: Klaus Peter Dencker, *Text-Bilder. Visuelle Poesie international. Von der Antike bis zur Gegenwart.* Köln, 1972 (mit ausführlicher Bibliographie).

18 *Herkunft und Bestimmung,* op. cit. Anm. 1, S. 200/201.

19 *Schauen und Lauschen / Eine Kunstfibel* (unveröffentlicht) 1929–1934, Neufassung 1945, letzte Reinschrift 1956, S. 135.

20 Wassily Kandinsky, *Rückblick 1901–1913* (1913), Baden-Baden, Neuauflage 1955, S. 43.

21 «Über die Formfrage» in: Wassily Kandinsky, *Essays über Kunst und Künstler,* herausgegeben von Max Bill, Teufen, 1955, S. 20/21.

22 Wassily Kandinsky, *Rückblick 1901–1913,* op. cit. Anm. 20, S. 31.

23 Albert Gleizes/Jean Metzinger, *Du Cubisme,* 1912 (deutsche Ausgabe: *Vom Kubismus. Die Mittel zu seinem Verständnis,* Berlin, 1922). Albert Gleizes, *Sur les lois de la peinture,* 1922/23.

24 Vgl. AAVV, *Albert Gleizes und der Kubismus,* Vorwort von R. Indlekofer, Basel, 1962, S. 114.

25 Zit. in: Walter Hess, *Problem der Farbe in den Selbstzeugnissen moderner Maler,* München, 1953, S. 76.

26 Ebda, S. 83.

27 Brief vom 1. Januar 1936. Vgl. auch: *Tagebuch III,* S. 126 (3. Januar 1936).

28 Vgl. *Das dichterische Werk,* Band 3, op. cit. Anm. 1, S. 67–70 und 216ff.

29 Sonderdruck aus der Fachschrift *Bildnerische Erziehung,* Heft 1, Ratingen, 1967, S. 4.

30 *Herkunft und Bestimmung,* op. cit. Anm. 1, S. 114.

31 *Tagebuch I,* S. 142 (9. Januar 1929).

32 *Tagebuch V,* S. 264 (30. Juni 1944).

33 *Tagebuch I,* S. 3 (9. Juli 1924). Dass das genannte Bildnis zwar heutigen Klee-Kennern nicht bekannt ist, soll uns nicht davon abhalten, der aufschlussreichen Episode Glauben zu schenken.

34 Zit. in: Kurt Liebmann, *Der Maler-Dichter Otto Nebel,* Zürich/Leipzig 1935, S. 21. In *Schauen und Lauschen,* op. cit. Anm. 19, nennt er sie: «Kunstgerechte Sinngefüge aus der Zone des Ungegenständlich-Massbetonten und Formstrengen», S. 138.

35 *Tagebuch I,* S. 41 (8. Juli 1926): «Vor! / Fort! / Wort! / Das Wort der Tiefen. / Riesen riefen. / Rissen fort.»
Die jeweiligen Runengruppen (in *Rad der Titanen:* AEIO, DFNRSTVW) von Nebels diversen Runendichtungen sind nicht zufällig gewählte Buchstaben, sondern wurden dem Dichter in Form von «Zuraunungen» eingegeben. Vgl. *Das dichterische Werk,* Band 3, op. cit. Anm. 1, S. 136 und 148/49, sowie Band 1, op. cit. Anm. 6, S. 326.

36 *Anmut und Segen der Sendung* (unveröffentlicht), 1950–1953, S. 14.
37 Liebmann, op. cit. Anm. 34, S. 23.
38 *Tagebuch I*, S. 72 (17. Oktober 1927).
39 Vgl. *Berg der Wahrheit (Monte Verità)*, Katalog Kunsthaus Zürich, 1978/79, Mailand, 1978.
40 *Tagebuch I*, S. 98 (14. Juni 1928).
41 Max Doerner, *Malmaterial und seine Verwendung im Bilde*, 11. verbesserte Ausgabe, Stuttgart, 1960, Geleitwort Prof. Dr. Hans Sedlmayr, S. III.
42 Vgl. Herwarth Walden, *Einblick in Kunst. Expressionismus, Futurismus, Kubismus*, Berlin, 1917, S. 65.
43 *Tagebuch I*, S. 172 (29. Juni 1929).
44 Ebda, S. 173 (30. Juni 1929).
45 *Werkverzeichnis (Frühzeit)* (unveröffentlicht), S. 34.
46 «Von der Azurküste der Normandie» und «Bilder einer Seereise» in: Otto Nebel, *Das dichterische Werk*, Band 2 *(Prosa, Gedichte, Nachlass)*, herausgegeben von René Radrizzani, München, 1979, S. 95–112 und 113–135.
47 *Tagebuch I*, S. 181 (31. Juli 1929).
48 Ebda, S. 203 (2. Oktober 1929).
49 Ebda, S. 282 (8. September 1930).
50 *Anmut und Segen der Sendung*, op. cit. Anm. 36, S. 48.
51 Donat de Chapeaurouge, «Die ‚Kathedrale' als modernes Bildthema», in: *Jahrbuch der Hamburger Kunstsammlungen*, 18, 1973, S. 155ff.
52 Werner Hofmann, *Das Irdische Paradies*, 2. Auflage, München, 1974, S. 96.
53 Die Deutungsversuche der daraus resultierenden zwanzig Gemälde divergieren. Während G. H. Hamilton *(Claude Monet's Paintings of Rouen Cathedral*, London, 1960) in ihnen zwanzig Episoden aus Monets «privatem, aufnahmebereitem Leben» wiederzuerkennen glaubte, Psychogramme gleichsam, interpretierte Chapeaurouge (op. cit. Anm. 51) die «penetrante Wiederholung» des gleichen Objekts als völlige Gleichgültigkeit gegenüber der Vorlage, als ein Schema, das Roy Lichtenstein 1969 auf seine Weise paraphrasierte, indem er die leichte Reproduzierbarkeit klischierte, was den Schluss zulasse, dass das Kathedralenmotiv für die Kunst der Gegenwart «keine stimulierende Metapher» mehr darstelle, eine Tendenzwende, die bereits mit Schwitters *Kathedrale des erotischen Elends* eingesetzt habe. C. G. Argan hingegen war der Meinung, dass es Monet um die Refraktionen und Diffraktionen ging, wie er sie in ähnlicher Weise früher an den Ufern der Seine studiert habe. Die Kathedrale erscheine in diesem Rahmen zur Dichtkunst erhoben oder sublimiert, «erhöht zum Symbol einer alten Stadt, oder möglicherweise aller Kathedralen, der Kirche selbst ...» (C. G. Argan, *L'arte moderna 1770–1970*, zit. in: *Klassiker der Kunst*, 1971, «Monet», S. 14). Als geheimnisvoll in den Himmel wachsenden Körper, der sich von Licht und Atmosphäre durchdringen lässt, erlebte in unserem Jahrhundert auch die argentinische Künstlerin Alicia Penalba die französische Kathedrale. Der «Schlag», der ihr Chartres «versetzte», wie sie sagt, war Anstoss zu jahrelanger Auseinandersetzung im Plastischen. Sie suchte nach einer «Formenordnung, die die Vermählung zwischen fester Materie und der Freiheit des unendlichen Raums auszudrücken vermag». Deshalb fühlte sie sich im Innenraum beengt, es war der «Wuchs der ganzen Baugestalt mit all den Höhlen, Nischen, Türmen, Vorsprüngen, der den Dialog eines materiellen Körpers mit dem Geistigen, mit Licht, zur Befreiung von Schwerelosigkeit führt». Es gebe «keine Befreiung durch Verkapselung in determinierte Innenräume» (vgl. *Sandoz-Bulletin*, 26, Basel, 1972).
54 *Anmut und Segen der Sendung*, op. cit. Anm. 36, S. 51.
55 Auguste Rodin, *Französische Kathedralen* (deutsch von Max Brod), München, 1964, S. 9.
56 Gustav Vriesen/Max Imdahl, *Robert Delaunay – Licht und Farbe*, Köln, 1967, S. 71.
57 Hans Hess, *Lyonel Feininger*, Stuttgart, 1959, S. 61.
58 *Anmut und Segen der Sendung*, op. cit. Anm. 36, S. 50.
59 Siehe S. 72ff.
60 *Tagebuch I*, S. 291 (23. September 1930).
61 *Berliner 12 Uhr Mittagsblatt*, 16. September 1930, vgl. auch *Tagebuch I*, S. 287 (21. September 1930).
62 *Tagebuch II*, S. 20 (9. Januar 1931).
63 Angela Köhler im Nachwort zu: Otto Nebel, *Zuginsfeld*, op. cit. Anm. 6, S. 168.
64 *Goldene Spur*, mit 34 Original-Linolschnitten von 1936 bis 1960, Zürich, 1962; *Das Wesentliche*, mit 8 Linolschnitten, Zürich, 1967.
65 *Tagebuch I*, S. 249 (21. Mai 1930).
66 Ebda, S. 273 (14. August 1930).
67 Kurt Liebmann, op. cit. Anm. 34, S. 25.
68 *Tagebuch I*, S. 262 (2. Juli 1930).
69 Paul Signac, *D'Eugène Delacroix au Néo-Impressionnisme*, Paris, 1899. Vgl. «Was die Schönheit sei, das weiss ich nicht», *Künstler–Theorie–Werk*, Katalog zur Zweiten Biennale, Nürnberg, 1971 (Köln, 1971), S. 108.
70 Jürgen Glaesemer, *Paul Klee, Die farbigen Werke im Kunstmuseum Bern*, Bern, 1977, S. 183ff.
71 *Tagebuch II*, S. 83 (17. Oktober 1931).
72 Ebda, S. 100 (27. Oktober 1931).
73 *Farben-Atlas von Italien aus dem Jahre 1931*, Vorbemerkungen zur Darstellungsweise.
74 *Tagebuch II, S. 109 (6. November 1931).*
75 *Farben-Atlas von Italien*, Text zu Tafel XXI.
76 Johann Wolfgang Goethe, *Zur Farbenlehre, Didaktischer Teil*, München, 1970, S. 35 (Abschnitt 72). Nebel verweist im Kommentar zu Tafel XXI ausdrücklich auf Goethes Farbenlehre und dessen Beobachtungen farbiger Schatten.
77 Vgl. René Radrizzani im Nachwort zu: Otto Nebel, *Das dichterische Werk*, Band 3, op. cit. Anm. 1, S. 362.
78 Nebel unterrichtete während einiger Zeit an der Berliner «Weg»-Schule; Hans Jaenisch, einer seiner Schüler, trat die Nachfolge an.
79 *Werkverzeichnis (Frühzeit)*, S. 53.
80 *Tagebuch II*, S. 21 (11. Januar 1931).
81 Ebda, S. 129 (7. Januar 1932).
82 Ebda, S. 142 (29. März 1932).
83 Ebda, S. 194 (1. Januar 1933).
84 Ebda, S. 212 (2. April 1933).
85 Ebda, S. 218 (8. Mai 1933).
86 Wichtig für Kayser waren auch die beiden Bände des Kölners Albert von Thimus: *Die harmonikale Symbolik des Altertums*, Köln 1868/1876. Vgl. Rudolf Haase, *Hans Kayser. Ein Leben für die Harmonik der Welt*, Basel/Stuttgart, 1968, S. 61.
87 *Orpheus. Morphologische Fragmente einer allgemeinen Harmonik*, Berlin, 1926; *Der hörende Mensch*, Berlin, 1932; *Vom Klang der Welt*, Zürich, 1937; *Akroasis. Die Lehre von der Harmonik der Welt*, Basel, 1946. Eine ausführ-

liche Bibliographie in: Rudolf Haase, op. cit. Anm. 86, S. 130ff.

88 *Tagebuch II*, S. 151 (15. Mai 1932).

89 *Worte zur rhythmischen Malerei*, Dresden/Berlin-Steglitz, 1931, S. 13/14.

90 Ebda, S. 28.

91 *Tagebuch II*, S. 223 (24. Mai 1933).

92 Ebda, S. 229 (15. Juni 1933).

93 *Werkverzeichnis (Frühzeit)*, S. 74.

94 *Tagebuch III*, S. 163 (23. Juli 1934).

95 Nebel unterlag als Ausländer (er war nicht Flüchtling und besass bis 1952 die deutsche Staatsbürgerschaft) strengen Arbeitsbewilligungsbestimmungen.

96 *Tagebuch III*, S. 178, und Brief von Kandinsky an Nebel vom 13. Oktober 1936 (Nr. 13), P. S.

97 Publiziert in: *In Memory of Wassily Kandinsky, The Solomon R. Guggenheim Foundation presents a survey of the artist's paintings and writings*, ed. H. v. Rebay, New York, 1945, S. 97 (Brief an H. R. vom 16. Oktober 1936).

98 Kandinsky selbst fiel bei H. v. Rebay bald in Ungnade, nicht zuletzt weil er, wie er Nebel schrieb, in Paris «zu wenig für Bauer gesorgt habe», für ihren Schützling Rudolf Bauer, für den sie Gefahr witterte. «Und man liess mir sagen, zwei Jahre würde von mir nichts gekauft, ‚zur Strafe'.» Ironisch klingt der Beisatz: «Es ist ja auch nicht schön von mir, dass ich mir erlaube, zu stark B. nachzuahmen» (Brief an Nebel vom 15. November 1937, Nr. 34). Dieses unrühmliche Kapitel in der Geschichte abstrakter Malerei wird am Rande auch von Nina Kandinsky in ihren 1976 erschienenen Erinnerungen erwähnt (Nina Kandinsky, *Kandinsky und ich*, München, 1978, S. 221ff.).

99 Vgl. «Kandinsky – Briefe an Otto Nebel 1926–1940», herausgegeben von Therese Bhattacharya-Stettler, *Berner Kunstmitteilungen*, Nr. 203, Januar–Februar 1981.

100 Hrsg. Sandor Kuthy, *Berner Kunstmitteilungen*, Nr. 151, 1974, S. 3 (Brief vom 12. Januar 1934).

101 *Tagebuch II*, S. 278 (23. Januar 1934).

102 *Tagebuch V*, S. 279 (29. Juli 1944).

103 *Tagebuch VIII*, S. 13 (26. November 1952).

104 *Tagebuch III*, S. 26/27 (22. September 1934).

105 Ebda, S. 48 (27. Januar 1935).

106 Glaesemer, op. cit. Anm. 70, S. 325.

107 *Tagebuch IX*, S. 26 (3. Februar 1957).

108 Vgl. Glaesemer, op. cit. Anm. 70, S. 311. Siehe auch *Diana im Herbstwind* (1934) und *Dame Dämon* (1935) (beide Kunstmuseum Bern).

109 Auch fehlt bei Nebel fast durchwegs jenes spielerische, humorvoll-zarte, zuweilen aber auch fast dämonische Element, das Klees Werk eigen ist.

110 *Tagebuch III*, S. 190 (7. Januar 1937).

111 Ebda, S. 9 (30. Juni 1934).

112 Carl Justi, *Diego Velazquez und sein Jahrhundert*, Zürich, 1933, S. 133.

113 *Tagebuch II*, S. 295 (27. April 1934).

114 *Tagebuch III*, S. 66 (29. April 1935).

115 Vgl. Heft *Vis-à-Visagen*, O. N. Stiftung, Inv. H. 26/1–20 (Alassio 1935).

116 Vgl. oben, Anm. 34.

117 *Tagebuch III*, S. 72 (25. Mai 1935).

118 Gleichzeitig mit Nebel stellten in der Kunsthalle die Maler Karl Theodor Meyer-Basel, Max Brack und Marcel Gromaire aus, sowie der Bildhauer Rudolf Wessing.

119 *Tagebuch III*, S. 90 (11. August 1935).

120 *Tagebuch III*, S. 161 (15. Juli 1936).

121 Zit. in «Was die Schönheit sei ...», op. cit. Anm. 69, S. 48.

122 Fisch und Vogel spielen auch in Klees Œuvre eine dominierende Rolle. Im übrigen tauchen sie (zusammen mit dem Pferd, das ebenfalls ein häufiges Motiv Nebels ist) als wichtige Symbolträger im chinesischen *Buch der Wandlungen I Ging* auf, das, wie wir sehen werden, für Nebel von grosser Bedeutung war.

123 *Anmut und Segen der Sendung*, op. cit. Anm. 36, S. 30.

124 *Tagebuch III*, S. 237 (20. Juli 1937).

125 Ebda, S. 4 (3. Juni 1934).

126 *Anmut und Segen der Sendung*, op. cit. Anm. 36, S. 41.

127 Liebmann, op. cit. Anm. 34, S. 20.

128 *Anmut und Segen der Sendung*, op. cit. Anm. 36, S. 39.

129 Ebda.

130 *Werkverzeichnis 1937–1945*, S. 32. Über den Ursprung des Namens «Musartaya» schweigt er sich aus, doch kann man vermuten, dass es ein Wortspiel mit «musa» (Dichtung) und «ars, artis» (Kunst) ist.

131 Einige aufschlussreiche Textstellen sind zum Abdruck gelangt in: Otto Nebel, *Das dichterische Werk*, Band 3, op. cit. Anm. 1, S. 197–205.

132 *Tagebuch III*, S. 270 (16. Dezember 1937).

133 Ebda, S. 283 (29. Januar 1938). Von diesem Italienaufenthalt stammen auch die Aufzeichnungen «In Italien», deren zweiter und dritter Teil – «Erneuerung» und «Florenz» – in: *Das dichterische Werk*, Band 2, op. cit. Anm. 46, S. 136–183 publiziert sind.

134 *Werkverzeichnis 1937–1945*, S. 30.

135 Ebda, S. 40.

136 Walter Adrian, in: *Der Bund*, 28. August 1944 (Ausstellungsbesprechung, Kunsthalle Bern).

137 *Werkverzeichnis 1937–1945*, S. 46 (betr. *König Surta*).

138 *Anmut und Segen der Sendung*, op. cit. Anm. 36, S. 43.

139 Vgl. René Radrizzani im Nachwort zu: *Das dichterische Werk*, Band 1, op. cit. Anm. 6, S. 329.

140 Hellmut Wilhelm, *Sinn des I Ging*, Düsseldorf/Köln, 1972, S. 94.

141 *Herkunft und Bestimmung*, op. cit. Anm. 1, S. 263.

142 Vgl. *Das dichterische Werk*, Band 3, op. cit. Anm. 1, S. 188–220.

143 Zit. In: Walter Hess, *Dokumente zum Verständnis der modernen Malerei*, Reinbek bei Hamburg, 1956, S. 7.

144 *Vom Wesen und Geiste neuer Kunstmalerei*. Ein Einführungsvortrag (unveröffentlicht), 1936, S. 11.

145 Vgl. *Das dichterische Werk*, Band 3, op. cit. Anm. 1, S. 215/216 (Das Sinngebende Zeichen und die Zaubermacht des Zeichnerischen).

146 *Vom Sinnwirken im Schönen (Ein Buch der massgebenden Unterscheidungen im Geiste des Kunstschaffens)*, 1. Fassung 1940, letzte Fassung 1955 (unveröffentlicht), S. 58.

147 Ebda, S. 68.

148 Ebda, Abschnitt VI, S. 62ff. Diese Einteilung in drei Sinnschichten fordert zu einem Vergleichen mit Erwin Panofskys Systematik zur Deutungsarbeit eines Kunstwerks in seinem 1932 erstmals erschienenen und 1939 erweiterten Aufsatz: «Zum Problem der Beschreibung und Inhaltsdeutung von Werken der bildenden Kunst» heraus. Der bedeutende Kunsthistoriker

und Begründer der Ikonologie als einer Methode der Gegenstandsinterpretation hat die Inhaltsdeutung ebenfalls in drei Stufen gegliedert, doch orientiert sich seine These ausschliesslich an Beispielen gegenständlicher Kunst: bei Franz Marcs *Mandrill* (in der Hamburger Kunsthalle), der als jüngstes Werk herangezogen wird, gerät sie ins Schwanken (E. Panofsky, *Studien zur Ikonologie. Humanistische Themen in der Kunst der Renaissance*, Köln, 1980, S. 30–61. Vgl. dazu: *Bildende Kunst als Zeichensystem, Ikonographie und Ikonologie. Theorien – Entwicklung – Probleme*, hrsg. E. Kaemmerling, Köln, 1979).

149 *Tagebuch II*, S. 261 (8. November 1933).

150 Conrad Fiedler, *Schriften über Kunst* (Einleitung von Hans Eckstein), Köln 1977, S. 40/41.

151 Hans Eckstein, ebda, S. 12.

152 *Worte zu Bildern*, Bern, 1954, S. 7.

153 *Geistige Kunst der Gegenwart und der Zukunft*, Burgdorf, 1948, S. 7.

154 Vgl. u. a. Sixten Ringbom, «The Sounding Cosmos. A Study in the Spiritualism of Kandinsky and the Genesis of Abstract Painting», *Acta Academiae Aboensis*, Ser. A., Vol. 38, Nr. 2, 1970.

155 Albert Gleizes, *Vers une conscience plastique. La Forme et l'Histoire*, Paris, 1932. Zit. in: Walter Hess, op. cit. Anm. 143, S. 64.

156 *Der Sturm*, 1912, Jg. III, S. 255.

157 *Tagebuch IV*, S. 120 (1. September 1939).

158 Nebel trat später auch der «Neuen Kirche» bei und lieferte öfters Beiträge zur Veröffentlichung in deren publizistischem Organ.

159 *Tagebuch IV*, S. 121 (23. September 1939).

160 *Schauen und Lauschen*, op. cit. Anm. 19, S. 30.

161 Zit. in: W. Hess, op. cit. Anm. 143, S. 30, aus: P. G., *Briefe*, Basel, 1932.

162 Paul Klee, *Das bildnerische Denken, Form- und Gestaltungslehre*, Band 1, hrsg. und bearbeitet von Jürg Spiller, 3. Aufl., Basel/Stuttgart, 1971, S. 67.

163 Erstmals veröffentlicht in: *Tribüne der Kunst und Zeit*, Berlin, 1920. Paul Klee, *Das bildnerische Denken*, op. cit. Anm. 162, S. 76.

164 Zit. in: Walter Hess, op. cit. Anm. 143, S. 101.

165 Vgl. C. Giedion-Welcker, *Schriften 1926–1971*, hrsg. R. Hohl, Köln, 1973, S. 305ff.

166 Zit. In: Werner Hofmann, *Grundlagen der modernen Kunst. Eine Einführung in ihre symbolischen Formen*, Stuttgart, 1978, S. 327.

167 Vgl. z. B. «Von der Unermesslichkeit des Schönen», in: *Das dichterische Werk*, Band 3, op. cit. Anm. 1, S. 221ff.

168 Werner Hofmann, *Zeichen und Gestalt. Die Malerei des 20. Jahrhunderts*, Frankfurt a. M., 1957, S. 57 und 82ff.

169 Arnold Gehlen, *Zeit-Bilder. Zur Soziologie und Ästhetik der modernen Malerei*, Frankfurt a. M./Bonn, 1960, S. 73ff.

170 *Werkverzeichnis 1937–1945*, S. 41.

171 Ebda.

172 *Tagebuch V*, S. 26 (27. November 1941).

173 *Werkverzeichnis 1937–1945*, S. 35.

174 Auszüge aus dem *Werkverzeichnis*, vgl. *Das dichterische Werk*, Band 3, op. cit. Anm. 1 (Wort und Bild, Einblick ins Werkverzeichnis: S. 206–214).

175 *Werkverzeichnis 1937–1945*, S. 103.

176 *I Ging, Das Buch der Wandlungen*, aus dem Chinesischen verdeutscht und erläutert von Richard Wilhelm, Jena, 1924, III, S. 237.

177 Ebda, I/II, S. 168.

178 *Kunstwürdige Wertungen* (unveröffentlicht), 1942. Hauptstück I: Von der Farbe, S. 17.

179 *I Ging*, op. cit. Anm. 176, I/II, S. 169.

180 *Werkverzeichnis 1937–1945*, S. 124.

181 «Was die Urbilder setzt, heisst das Schöpferische, was sie nachformt, heisst das Empfangende.» «Das Schöpferische erkennt die grossen Anfänge, das Empfangende bewirkt die vollendeten Dinge.» Vgl. H. Wilhelm, op. cit. Anm. 140, S. 41.

182 *Tagebuch V*, S. 61 (8. Mai 1942).

183 Vgl. H. Wilhelm, op. cit. Anm. 140, S. 22.

184 *I Ging*, op. cit. Anm. 176, I/II, S. 216.

185 *Tagebuch IV*, S. 128 (22. Oktober 1939).

186 *Werkverzeichnis 1937–1945*, S. 89.

187 Ebda, S. 80.

188 Ebda, S. 144.

189 *Merksätze* (unveröffentlicht), Nr. 1368.

190 *Werkverzeichnis 1959–Januar 1963*, S. 1050.

191 Ebda, S. 1049.

192 *Tagebuch X*, S. 56 (30. April 1962).

193 Ebda, S. 65 (9. Mai 1962).

194 *Anmut und Segen der Sendung*, op. cit. Anm. 36, S. 8.

195 Als Beispiele seien erwähnt: *Weltkulturen und moderne Kunst. Die Begegnung der europäischen Kunst und Musik im 19. und 20. Jahrhundert mit Asien, Ozeanien, Afro- und Indo-Amerika*, Katalog der Ausstellung im Haus der Kunst, Juni–September 1972, München, 1972; Klaus Berger, *Japonismus in der westlichen Malerei 1860–1920*. München, 1980; Siegfried Wichmann, *Japonismus. Ostasien–Europa. Begegnungen in der Kunst des 19. und 20. Jahrhunderts*, München, 1980; Frank Whitford, *Japanese Prints and Western Painting*, London, 1977.

196 Wobei auch bei ihnen nicht klar auszumachen ist, ob sie ihre Reisen (Marokko bzw. Istanbul) vollzogen, «um vorgeahnte Erwartungen bestätigt zu finden, oder ob sie ... Anregungen vorfanden, die erst Erwartungen weckten. – Und die dann, in beiden Werkentfaltungen, über Jahrzehnte hin ein gerade unerschöpflicher Impuls geblieben ist.» Vgl. Adolf Max Vogt, «Le Corbusier, Paul Klee und der Islam», in: *Gotthard Jedlicka, Eine Gedenkschrift. Beiträge zur Kunstgeschichte des 19. und 20. Jahrhunderts*, hrsg. von E. Hüttinger und Hans A. Lüthy, Zürich, 1974, S. 138.

197 Gudrun Inboden, «Die Gemälde – entmythologisierend», in: *Willy Baumeister 1945–1955*, Ausstellungskatalog Württembergischer Kunstverein, Stuttgart, 1979, S. 21ff.

198 «Zen und das NO-Spiel», Vortrag im Berner Kunstmuseum im Rahmen der Ausstellung «Zen-Malerei» (1. Juli 1959); Übersetzungen aus: L. Adams Beck, *The Garden of Vision* (Die Rede des Kitesato über die NO-Spiele, die Rede des Arima Sama über die Zen-Lehre), 1942 (unveröffentlicht).

199 Vgl. mit Klees *Tänze vor Angst* oder *Vogelscheuche*.

200 Wilhelm Worringer, *Abstraktion und Einfühlung*, Diss. Bern 1906, München, 1908. Hier zit. nach: 8. unveränderte Auflage, München 1919, S. 19/20.

201 *Tagebuch I*, S. 217 (31. Dezember 1929).

202 In der Berner Kunsthalle hatte Nebel bereits 1935 und 1944 in kleinerem Rahmen ausgestellt.

203 Das Schweizer Fernsehen drehte anlässlich dieser Ausstellung einen Film über Otto Nebel (ausgestrahlt am 21. Dezember 1968. Leitung: P. K. Wehrli, Text: R. Radrizzani).

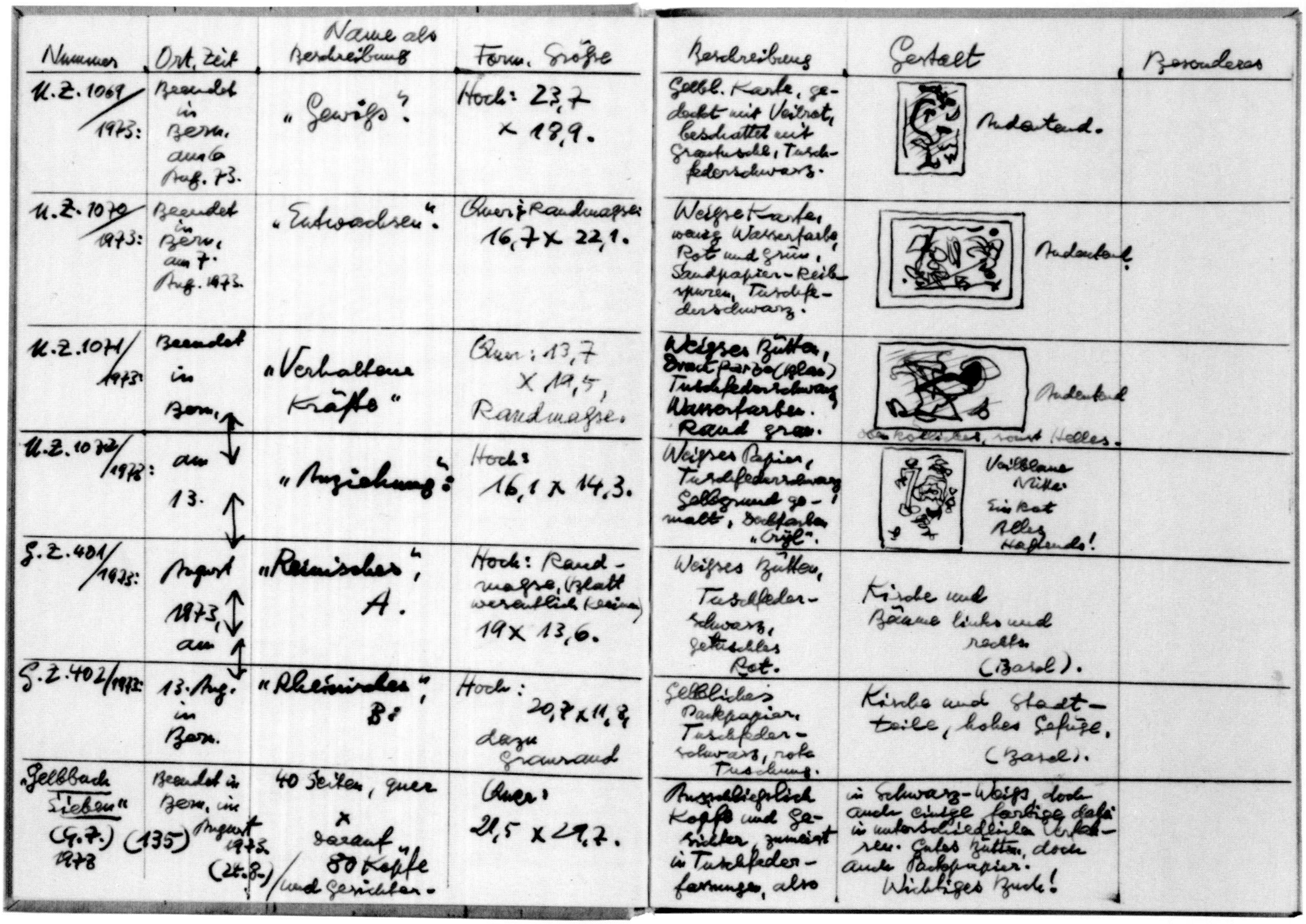

Nummer	Ort, Zeit	Name als Beschreibung	Form, Größe	Beschreibung	Gestalt	Besonderes
U.Z. 1069/1973:	Beendet in Bern, am 6. Aug. 73.	„Gewiss"?	Hoch: 23,7 × 18,9.	Gelbl. Karte, gedeckt mit Weissrot, beschattet mit Grautusche, Tuschfederschwarz.	Andenken.	
U.Z. 1070/1973:	Beendet in Bern, am 7. Aug. 1973.	„Entwachsen".	Quer; Randmasse: 16,7 × 22,1.	Weisse Karte, wenig Wasserfarbe, Rot und Grün, Sandpapier-Reibspuren, Tuschfederschwarz.	Andenken.	
U.Z. 1071/1973:	Beendet in Bern,	„Verhaltene Kräfte"	Quer: 13,7 × 19,5, Randmasse.	Weisses Bütten, Druckfarbe (blau) Tuschfederschwarz Wasserfarben. Rand grau.	Andenken [illegible], sonst Helles.	
U.Z. 1072/1973:	am 13.	„Anziehung".	Hoch: 16,1 × 14,3.	Weisses Papier, Tuschfederschwarz, Gelbgrund gemalt, Deckfarben „Grün".	Veilblaue Mitte. Ein Rot. Alles Haftende!	
G.Z. 401/1973:	August 1973, am	„Rheinisches", A.	Hoch: Randmasse, (Blatt wesentlich kleiner) 19 × 13,6.	Weisses Bütten, Tuschfederschwarz, getuschtes Rot.	Kirche und Bäume links und rechts. (Basel).	
G.Z. 402/1973:	13. Aug. in Bern.	„Rheinisches", B.	Hoch: 20,7 × 11,8, dazu Graurand	Gelbliches Packpapier, Tuschfederschwarz, rote Tuschung.	Kirche und Stadtteile, hohes Gefüge. (Basel).	
„Gelbbuch Sieben" (9.7.) 1973 (135)	Beendet in Bern, im August 1973. (24.8.)	40 Seiten, quer × darauf „80 Köpfe und Gesichter.	Quer: 21,5 × 29,7.	Ausschliesslich Köpfe und Gesichter, zumeist in Tuschfederformungen, also	in Schwarz-Weiss, doch auch einige farbige dafür in unterschiedlichen Verfahren. Gutes Bütten, doch auch Packpapier. Wichtiges Buch!	

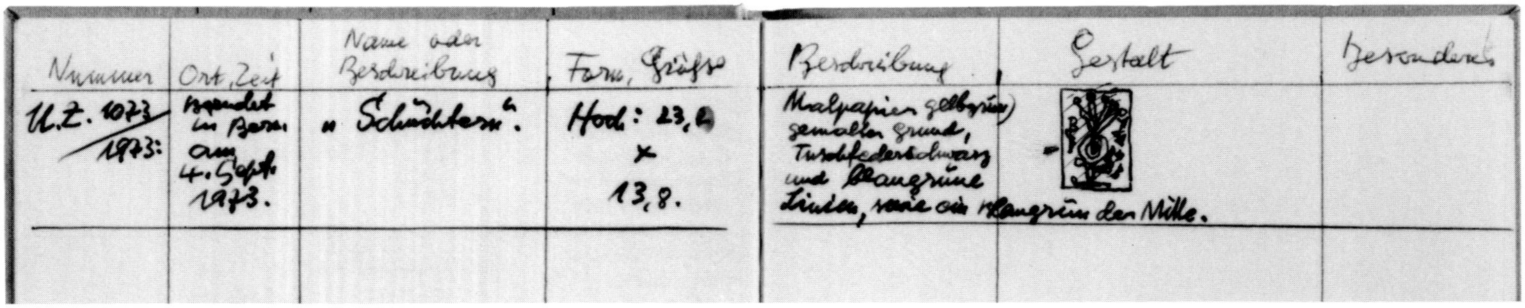

Nummer	Ort, Zeit	Name oder Beschreibung	Form, Größe	Beschreibung	Gestalt	Besonderes
U.Z. 1073/1973:	Beendet in Bern am 4. Sept. 1973.	„Schüchtern".	Hoch: 23,0 × 13,8.	Malpapier gelbgrün, gemalter Grund, Tuschfederschwarz und blaugrüne Linien, sowie ein Blaugrün der Mitte.		

Die letzten Eintragungen ins Werkverzeichnis

Umschlag:
Der Edelmann im Silberpanzer, 1938
Deckfarben und Farbstift auf Papier
24,6 x 20,7 cm
Otto-Nebel-Stiftung, Inv. F 148

1 **Pare-Venetien, 1918**
Tinte und Farbstift auf Papier
10,8 x 13,7 cm
Otto-Nebel-Stiftung, Inv. F. 1

2 **Aus dem Heft «Runen und Entwürfe», 1922/1954**
Collage. Ca. 30 x 43 cm
Otto-Nebel-Stiftung, Inv. H 157/II/20

3 **Runenfahnen 1–4 zur Runenfuge «Unfeig», 1924–25**
Tinte, Tusche, Deck- und Wasserfarben, Farbstift auf Papier
ca. 252 x 98 cm
Otto-Nebel-Stiftung

4 **Verlöschend (Diluendo), 1921**
Original zerstört
(Photo Otto-Nebel-Stiftung)

5 **Dur-Pendel, 1924**
Original zerstört
(Photo Otto-Nebel-Stiftung)

6 **Empor Empor, 1926**
Original zerstört
(Photo Otto-Nebel-Stiftung)

7 **Allegro ma non troppo, 1936**
Öl mit Sand auf Halbölgrund mit Dammharz auf Leinwand
60 x 39,8 cm
Kunstmuseum Bern, Inv. 2114

8 **Fröhliches, 1937**
Deckfarben auf Papier
25,9 x 19,4 cm
Otto-Nebel-Stiftung, Inv. F 141

9 **Bergdorf, 1925**
Wasserfarben auf Karton
17 x 20 cm
Kunstmuseum Bern, Inv. A 8565

10 **Ascona–Ronco, 1927**
Deck- und Wasserfarben auf Papier
28,3 x 19,6 cm
Kunstmuseum Bern, Inv. A. 8568

11 **Blatt 21 aus der Reihe «Karneval», 1929**
Farbstift und Tinte auf Papier
35 x 49,8 cm
Otto-Nebel-Stiftung, Inv. F 56/21

12 **Die Nacht steigt auf, aus der Reihe «Von der Azurküste der Normandie», 1929**
Bleistift und Farbstift auf Papier
33 x 32,2 cm
Otto-Nebel-Stiftung, Inv. F 55/31

13 **Rüttelnder Zug, aus der Reihe «Aus Paris mitgebracht», 1929**
Bleistift und Farbstift auf Papier
32,8 x 40 cm
Otto-Nebel-Stiftung, Inv. F. 57/1

14 **Rummelplatz, aus der Reihe «Aus Paris mitgebracht», 1929**
Bleistift und Farbstift auf Papier
32,8 x 49 cm
Otto-Nebel-Stiftung, Inv. F 57/18

15 **Zwischen Himmel und Erde, aus der Reihe «Aus Paris mitgebracht», 1929**
Bleistift und Farbstift auf Papier
32,8 x 49 cm
Otto-Nebel-Stiftung, Inv. F 57/19

16 **Im hellen Dom, aus der Reihe «Aus Paris mitgebracht», 1929**
Bleistift und Farbstift auf Papier
32,8 x 49 cm
Otto-Nebel-Stiftung, Inv. F 57/19

16a **Chartres I, aus der K-Mappe (Kirchen, Kapellen, Kathedralen), 1930**
Tinte auf Papier
25 x 23,5 cm
Otto-Nebel-Stiftung, Inv. H 2/11

17 **Das rote Seitenschiff, 1930**
Original zerstört
(Photo Otto-Nebel-Stiftung)

18 **Die Kathedrale, 1930**
Harzöl auf Leinwand
135,5 x 102,5 cm
Otto-Nebel-Stiftung, Inv. 63

19 **Die blaue Halle, 1930/1941**
Harzöl auf Leinwand
132 x 102,5 cm
Otto-Nebel-Stiftung, Inv. 64

20 **Die hohen Nischen, 1930/1941–42**
Harzöl auf Leinwand
132 x 102 cm
Otto-Nebel-Stiftung, Inv. 65

21 **Der Turm, 1930/1941–42**
Harzöl auf Leinwand
132 x 102 cm
Otto-Nebel-Stiftung, Inv. 68

22 **Vier Blätter aus «Pfaffen (Ein Heidenspass in Schwarz auf Weiss)», 1931**
Tusche und Deckweiss auf Papier und Karton
Je 23,8 x 23,8 cm
Otto-Nebel-Stiftung, Inv. F 35

23 **Zur Dichtung «Zuginsfeld», 1930**
Tusche und Deckweiss auf Papier
und Karton
16,5x32,8 cm
Otto-Nebel-Stiftung, Inv. 34/27

24 **(Linolschnitt), 1963**
Linoldruck von zwei Stöcken
und Handbemalung
17,7x11 cm
Otto-Nebel-Stiftung, Inv. D 309

25 **Sechs Blätter aus «Gastgeschenk in Schwarz-Weiss», 1936**
Linoldruck auf Japanpapier
Je 24,2x16,7 cm
Otto-Nebel-Stiftung,
Inv. H 140/26, 80, 178, 190, 191, 207

26 **(Klebebild), 1963**
Deck- und Wasserfarben, aufgeklebte
bemalte und bedruckte Papierformen,
Metallpulver
40,5x28,5 cm
Otto-Nebel-Stiftung, Inv. F 765

27 **Römische Köpfe, 1931**
Deckfarben (Goldgrund) auf Papier
26,8x21,7 cm
Otto-Nebel-Stiftung, Inv. F 25

28 **Grünblaue Bastei, 1930**
Deckfarben auf Papier
10,8x25,5 cm
Kunstmuseum Bern, Inv. A 8572

29 **Rom. Tafel VI, Farben-Atlas von Italien, 1931**
Deckfarben auf Papier
19x25 cm
Otto-Nebel-Stiftung, Inv. H 7/6

30 **Der Vesuv. Tafel XV, Farben-Atlas von Italien, 1931**
Deckfarben auf Papier
19x25 cm
Otto-Nebel-Stiftung, Inv. H 7/15

31 **Siena III, 1932**
Deckfarben auf Papier
30x20 cm
Otto-Nebel-Stiftung, Inv. F 39

32 **Toscanische Stadt, 1932**
Deckfarben auf Papier
28x23 cm
Otto-Nebel-Stiftung, Inv. F. 36

33 **Genuesisch, 1931**
Deckfarben auf Papier
21,2x25,6 cm
Otto-Nebel-Stiftung, Inv. F 29

34 **Ostseestadt, 1932**
Wasserfarben
auf Papier auf Karton
28,7x24,5 cm
Otto-Nebel-Stiftung, Inv. F 41

35 **Märkische Mühle, 1931**
Harzöl mit Sand auf Leinwand
auf Sperrholzplatte
59x72,5 cm
Otto-Nebel-Stiftung, Inv. 46

36 **Ottilia, 1932**
Deckfarben auf Papier
22,7x16,7 cm
Otto-Nebel-Stiftung, Inv. F 42

37 **Der Holzhacker, 1933**
Hinterglasmalerei
26,5x20 cm
Otto-Nebel-Stiftung, Inv. 160

38 **(Hinterglasbild), 1971**
Hinterglasmalerei auf Pressspantafel
30x25 cm
Otto-Nebel-Stiftung, Inv. 152

39 **Reh im Ried, 1932**
Tusche, Farbstift und Metallhauch
auf Papier
27x23 cm
Otto-Nebel-Stiftung, Inv. F 47

40 **Das grüne Sommerschloss, 1933**
Deckfarben auf Papier
24,5x38,5 cm
Otto-Nebel-Stiftung, Inv. F 35

40a **Murten, aus Skizzenheft «Helvetia 3», 1933**
Tinte und Farbstiftzeichnung
13,5x18 cm
Otto-Nebel-Stiftung, Inv. H 17/5

41 **Ein Dorf träumt vom Monde, 1934**
Öl mit geglühtem Sand auf Leinwand
53,5x67,5 cm
Otto-Nebel-Stiftung, Inv. 41

42 **Befestigter Binnenhafen, 1934**
Deckfarben auf Papier
32,9x42,7 cm
Otto-Nebel-Stiftung, Inv. F 83

43 **Wohllautendes Gleichnis II, 1935**
Halbölgrund auf Leinwand auf Steinpappe
41x39 cm
Otto-Nebel-Stiftung, Inv. 10

44 **Drei Verschwörer, 1934**
Öl auf Leinwand
54,5x68,5 cm
Otto-Nebel-Stiftung, Inv. 42

45 **Erdgeist, 1935**
Deckfarben und Tusche,
gefirnisst, auf Papier
34×30,7 cm
Otto-Nebel-Stiftung, Inv. F 119

46 **Homunkulus, 1935**
Deckfarben und Tusche auf Papier
39×25 cm
Otto-Nebel-Stiftung, Inv. F 131

46a **Skizze zu Homunkulus, aus Skizzenheft «Helvetia 8», 1935**
Tinte auf Papier
24×16,5 cm
Otto-Nebel-Stiftung, Inv. H 23/3

47 **Flüchtlinge, 1935**
Deckfarben und Tusche auf Papier
39,1×28,9 cm
Otto-Nebel-Stiftung, Inv. F 130

48 **Chor-Nische, 1936**
Tusche auf Ingrespapier auf Karton
48,2×31,6 cm
Otto-Nebel-Stiftung, Inv. F 135

49 **Gang durch das Münster, 1936**
Öl auf Kreidegrund auf Leinwand
50×54,8 cm
Kunstmuseum Bern, Inv. 2110

50 **Der Seher, 1935**
Öl auf Steinpappe
56×42 cm
Otto-Nebel-Stiftung, Inv. 53

51 **Saida, 1935**
Öl, zum Teil mit geglühtem Meersand,
auf Steinpappe
68,5×54,5 cm
Otto-Nebel-Stiftung, Inv. 38

52 **Blatt 28 aus der Reihe «Schauspieler und Masken», 1952**
Tusche auf Papier auf Karton
49,6×34,6 cm
Otto-Nebel-Stiftung, Inv. 578/28

52a **Blatt 22 aus der Reihe «Schauspieler und Masken», 1952**
Tusche auf Papier auf Karton
34×24,8 cm
Otto-Nebel-Stiftung, Inv. 578/22

53 **Zwei Schauspieler vor dem Auftreten, 1954**
Deck- und Wasserfarben auf Papier
100,5×76,5 cm
Otto-Nebel-Stiftung, Inv. 3

54 **Mosaik-Bauwerk in Graugrün. Nr. XII aus «Musartaya», 1938**
Tempera auf Papier
50×35 cm
Kunstmuseum Bern, Inv. A 8620

55 **Kapelle der Herrscher. Nr. I aus «Musartaya», 1937**
Wasserfarben auf Papier
29,5×46 cm
Kunstmuseum Bern, Inv. A 8607

56 **Kathedrale. Nr. II aus «Musartaya», 1937**
Wasserfarben auf Papier
45×23,5 cm
Kunstmuseum Bern, Inv. A 8608

57 **Gelbe Abtei. Nr. VI aus «Musartaya», 1938**
Tempera auf Pappe
28,5×44 cm
Kunstmuseum Bern, Inv. A 8614

58 **Mandoraf, Prinz von Musartaya, 1938**
Harzölfarben auf Leinwand
114,2×100,4 cm
Kunstmuseum Bern, Inv. 2116

59 **Hauptmann der Palastwache. Nr. XVIII aus Musartaya», 1941**
Tempera auf Papier
35×25 cm
Kunstmuseum Bern, Inv. A 8655

60 **Erleuchtet, 1947**
Deckfarben auf vorbehandeltem Papier
50,5×35 cm
Otto-Nebel-Stiftung, Inv. F 361

61 **Dui (Das Heitere), 1939**
Tempera auf Papier
32,6×34,7 cm
Otto-Nebel-Stiftung, Inv. F 175

62 **Das blaue Gebinde, 1947**
Ölfarben in Eibindung, Sandzusatz, auf
Pressspantafel
72×127 cm
Otto-Nebel-Stiftung, Inv. 205

63 **Schwalbenbotschaft, 1952**
Öl auf Pappe
31×56 cm
Otto-Nebel-Stiftung, Inv. 25

64 **Herbstfeier, 1934–1936/1959**
Öl auf Leinwand
51,5×69,5 cm
Otto-Nebel-Stiftung, Inv. 49

65 **Sommerliches Singgefüge, 1941**
Harzöl auf Leinen auf Holztafel
35,5×35 cm
Otto-Nebel-Stiftung, Inv. 14

66 **Winterliches Sinngefüge, 1940**
Öl, Tempera-Untermalung,
auf Rupfen mit Gipsschicht
44,5x34,5 cm
Otto-Nebel-Stiftung, Inv. 4

67 **Begebenheiten im Lichtgelb, 1937**
Öl mit Sand und Ei-Zusätzen
auf Leinen mit Gipsgrund
63,5x58,5 cm
Otto-Nebel-Stiftung, Inv. 48

68 **Gelb umgaukelt, 1939**
Öl auf Pappe
55x47 cm
Otto-Nebel-Stiftung, Inv. 57

69 **Befreit (Liberated), 1939**
Harzöl auf gehöhter Tempera-Untermalung
mit Sandzusatz auf Holztafel
34,5x35 cm
Otto-Nebel-Stiftung, Inv. 15

70 **Schwarze Singweise, 1935**
Öl auf Leinen auf Steinpappe
56x42 cm
Otto-Nebel-Stiftung, Inv. 56

71 **Runen bei Vollmond, 1954**
Öl auf Holztafel
26x36 cm
Otto-Nebel-Stiftung, Inv. 282

72 **Kleine Tafel für grosse Wisser, 1941**
Tempera und Harzöl auf Leinwand,
auf Holztafel
38x38,3 cm
Otto-Nebel-Stiftung, Inv. 5

73 **Erleuchtet, 1960**
Öl auf Hanfgewebe
135,5x63,5 cm
Otto-Nebel-Stiftung, Inv. 214

74 **Fuge in Graublau, 1962**
Harzölfarben auf Leinwand
112x182 cm
Otto-Nebel-Stiftung, Inv. 238

75 **Istanbul I, aus «Nah-Ost-Reihe», 1962**
Deckfarben, Farbstifte und Tusche
auf Papier
80x61 cm
Otto-Nebel-Stiftung, Inv. F 758/1

76 **Sotschi III (Maisonntag),**
aus «Nah-Ost-Reihe», 1962
Deckfarben und Farbstift auf Papier
61x80 cm
Otto-Nebel-Stiftung, Inv. F 758/46

77 **Attika I, aus «Nah-Ost-Reihe», 1963**
Deckfarben auf Papier
80x61 cm
Otto-Nebel-Stiftung, Inv. F 758/57

78 **Elf Kinder spielen Japan, 1934**
Leim und Deckfarben auf Papier
46x30,8 cm
Otto-Nebel-Stiftung, Inv. 79

Albert Gleizes: Composition
(for Jazz), 1915
Solomon R. Guggenheim Museum,
New York (Abb. S. 19)

Marc Chagall:
Paris durch das Fenster, 1913
Solomon R. Guggenheim Museum,
New York (Abb. S. 27)

Lyonel Feininger:
Die Kathedrale des Sozialismus, 1919
Holzschnitt (Abb. S. 35)

Robert Delaunay: St-Séverin, 1909
Solomon R. Guggenheim Museum,
New York (Abb. S. 36)

Otto Morach: Im Dom, 1919
Privatbesitz (Abb. S. 36)

Lyonel Feininger: Gelmeroda IX, 1926
Folkwang-Museum, Essen (Abb. S. 37)

Paul Klee: Harmonisierter Kampf, 1937
Kunstmuseum Bern (Abb. S. 70)

Piet Mondrian: Composition 7, 1913
Solomon R. Guggenheim Museum,
New York (Abb. S. 70)

Paul Klee: Trauernd, 1934
Kunstmuseum Bern (Abb. S. 72)

Kopf eines Kriegers. Etruskisch
Museo archeologico, Firenze (Abb. S. 91)

Hokusai, aus «Mangwa», Vol. III
Cambridge University Library
(Abb. S. 117)

Ausstellungen

1920–21 Beteiligung: Gruppenausstellungen der Galerie «Der Sturm», Berlin.

1921–30 An Ausstellungen der Galerie «Der Sturm» in Berlin und auswärts beteiligt: «Deutsche Kunstgemeinschaft» im Berliner Schloss; Grosse Berliner Kunstausstellung im «Glaspalast» am Lehrter Bahnhof; Mannheim; Düsseldorf; Hannover; Dresden.

1921 Einzelausstellung: Folkwang-Museum, Hagen.

1928 Beteiligung: Ausstellung «Der grosse Bär», Ascona, als Gast mit Werefkin und Helbig.

1930 Beteiligung: Galerie Ferdinand Möller, Berlin; «Grosse Berliner Kunstausstellung», Schloss Bellevue.

1931 Beteiligung: «Haus der Juryfreien». Berlin (106 Werke), und «Haus des Vereins Berliner Künstler».

1935 Beteiligung: Kunsthalle Bern (66 Werke, darunter grosse Leinwände).

1938–39 Beteiligung: mit Werken der Guggenheim-Sammlung in Charlestone, Baltimore und New York.

1944 Einzelausstellung: Kunsthalle Bern (200 Gemälde, Blattbilder und Zeichnungen).

1946 Einzelausstellung: Galerie des eaux vives, Zürich.
Beteiligung: John Herron Art-Museum, Indianapolis.

1947 Einzelausstellung: Gutekunst & Klipstein, Bern.
Beteiligung: Museum St. Gallen, Kunstmuseum Bern.

1948–49 Einzelausstellung: Guggenheim Foundation, New York.

1949 Einzelausstellung bei Frau Lüthy, Zürich.
Beteiligung: Kunstmuseum Düsseldorf (Wanderausstellung).

1950 Einzelausstellung: Galerie Marbach, Bern; Galerie de la Paix, Lausanne.
Beteiligung in St. Gallen.

1951 Einzelausstellung: Guggenheim-Museum, New York; Kunstmuseum Bern.
Einzel-Wanderausstellung: Kunstmuseum Düsseldorf; Museum Wuppertal-Elberfeld; Kunstverein Bielefeld.

1952–54 Einzelausstellung: Gutekunst & Klipstein, Bern; Galerie Atelier-Theater, Bern; Haus Wurster, Bern; Galerie «L'Entracte», Lausanne.
Brauners Bibliofile Antikvariat, Kopenhagen.
Beteiligung: «Xylon» (Hongkong; Kunsthaus Zürich; Ljubljana; Japan).

1955 Einzelausstellung: Kunstgewerbemuseum Zürich; Galerie Simone Heller, Paris.
Beteiligung: Salon des Réalités Nouvelles, Paris (auch 1956).

1956 Einzelausstellung: Galerie Simone Heller, Paris; Gutekunst & Klipstein, Bern; Galerie Socrate, Biel; Druckerei Indlekofer, Basel.
Beteiligung: Schweizerische Kunstausstellung Basel; «Art-Document», Paris und Genf.

1957 Einzelausstellung: Galerie Betti Thommen, Basel.
Beteiligung: Galerie Greuze, Paris; «Les premières générations de l'art abstrait», Saint-Etienne; «Malende Dichter, dichtende Maler», St. Gallen; «La Peinture abstraite en Suisse», Neuenburg.

1958 Einzelausstellung: Galerie Simone Heller, Paris.
Beteiligung: Seidensiebdruck-Ausstellungen in Rom, Florenz, Novara, Grenchen usw.; «Der Sturm», Staatliche Kunstsammlungen, Stockholm; Galerie Kasper, Lausanne.

1959 Einzelausstellung: Galerie Simone Heller, Paris, und Beteiligung ebenda.

1960 Beteiligung: Galerie Bohemia, Glarus; Kunsthalle Bern; verschiedene Ausstellungsbeteiligungen in Paris und Lausanne.

1961 Einzelausstellung: Gallery One, London; Galerie Würthle, Wien.
Beteiligung: Galerie Simone Heller, Paris; «Der Sturm», Schloss Charlottenburg, Berlin; Galerie Stangl, München.

1962 Einzelausstellung bei Dr. Eickhoff, Bern.
Beteiligung: Ernst Raboff Gallery, Los Angeles; St. Moritz; Galerie Simone Heller, Paris.

1963 Einzelausstellung: Galerie im Erker, St. Gallen; Haus Salve Hospes (Kunstverein), Braunschweig.
Beteiligung: Galerie Simone Heller, Paris; Kunstgesellschaft Helmhaus, Zürich; Anliker-Keller, Bern.

1964 Einzelausstellung: Galerie Simone Heller, Paris.
Beteiligung: «Cinquante ans de collages», Musée de Saint-Etienne und Musée des Arts Décoratifs, Paris; Galerie Simone Heller, Paris; Galerie René Ziegler, Zürich.

1966 Einzelausstellung: Galerie Nierendorf, Berlin (106 Bildblätter, farbige Zeichnungen und Collagen aus den Jahren 1931–1965).

1967 Einzelausstellung: Galerie Simone Heller, Paris; Kunsthalle Bern.
Beteiligung: «Museum Collection Seven Decades. A Selection», The Solomon R. Guggenheim Museum, New York.

1968 Beteiligung: «Dix ans de peinture internationale», Casino de Montreux.

1970 Einzelausstellung: Galerie Schindler, Bern; Galerie Simone Heller, Paris; Galerie Jeanne Wiebenga, Epalinges bei Lausanne; Galerie du Port, Rolle.

1971 Beteiligung: «Deutsche Avantgarde 1915–1935» in: Galerie Gmurzynska-Bargera, Köln; «Neue Schweizer Originalgraphik» in: Galerie 6, Aarau; «Schenkung Nell Walden», Museum in Landkrona.
Einzelausstellung: «Schenkung Otto Nebel», Kunstmuseum Bern

1972 Schenkung an das Museum in Tel Aviv; Schenkung an das Museum in Jerusalem.
Einzelausstellung: Galerie Contemporaine, Carouge/Genève; Galerie Suzanne Egloff, Basel; Galerie du Port, Rolle.
Beteiligung: Galerie Contemporaine, Carouge/Genève; «Konstruktivismus» (Entwicklung und Strebungen seit 1913), Galerie Gmurzyknska-Bargera, Köln, und Städtisches Museum Mönchengladbach.

1973 Einzelausstellung: Galerie Schindler, Bern; Orell-Füssli-Galerie, Zürich.

1975 Einzelausstellung: «Bestände der Otto-Nebel-Stiftung», Loeb-Galerie, Bern; Galerie Simone Heller, Paris.
Beteiligung: Galerie del bel Libro, Ascona.

1976 Einzelausstellung: «Bestände der Otto-Nebel-Stiftung», Kunstsammlung der Stadt Thun.

1981 Einzelausstellung: Galerie Marbach, Bern; «Bestände der Otto-Nebel-Stiftung», Städtische Galerie, Würzburg.
Beteiligung: «Helvetische Steckbriefe», Helmhaus, Zürich.

Das Verzeichnis der Ausstellungen wurde dem Katalog der Galerie Nierendorf (Berlin 1966) entnommen und nach den Angaben des Künstlers bzw. der Otto-Nebel-Stiftung vervollständigt.

Bibliographie

Die im Text herangezogene Literatur ist jeweils in den Anmerkungen genannt

Über den Maler Otto Nebel

Willi Wolfradt: «Berliner Ausstellungen», in: *Der Cicerone*, 1925/1, S. 227.

Kurt Liebmann: *Der Maler-Dichter Otto Nebel*, Zürich/Leipzig, 1935.

H. C.: «Der Sturm – Otto Nebel», in: *Werk,* Heft 6, 1955 (Chronik), S. 119f.

Lothar Schreyer: *Erinnerungen an Sturm und Bauhaus,* München, 1956.

Michel Seuphor: *Knaurs Lexikon abstrakter Malerei,* München/Zürich, 1957.

F. Hazan: *Dictionnaire de la Peinture Abstraite,* Paris, 1957.

C. Poensgen/L. Zahn: *Abstrakte Kunst, eine Weltsprache,* Baden-Baden, 1958.

Georg Muche: *Blickpunkt. Sturm, Dada, Bauhaus, Gegenwart,* München, 1961.

Kate T. Steinitz: «Otto Nebel as Artist and Writer», in: *Art Forum,* Bd. I, Nr. 9, 1962, S. 32f.

Ella Spoerri, «Otto Nebel», in: *Künstler-Lexikon der Schweiz XX. Jh.,* Lieferung 9, Frauenfeld 1963, S. 692ff.

Ekkehard Eickhoff: *Sturm und Vollendung. Ein Lebensbild von Otto Nebel. Festgabe zum 80. Geburtstag,* Bern, 1972.

Robert L. Wyss: «Die Otto-Nebel-Stiftung», in: *Otto Nebel, Ausstellungskatalog der Kunstsammlung der Stadt Thun,* Thun, 1976.

Verzeichnis der Schriften Otto Nebels über Kunst (Auswahl)

«Kurt Schwitters» (Vorwort), in: *Sturm-Bilderbuch IV,* Berlin, 1921.

Das Wesentliche. Eine Reinschrift. Berlin, 1924.

Worte zur rhythmischen Malerei. Dresden/Berlin, 1931.

Geistige Kunst der Gegenwart und der Zukunft, Burgdorf, 1948.

«Botschaft der geistigen Kunst an die Jugend in Europa», in: *Blätter des Bielefelder Jugend-Kulturringes,* Heft 25, 25. Oktober 1952.

«Paul Klee, dem Künstler und Freund zum Gedächtnis», in: *Der Sturm, ein Erinnerungsbuch,* hrsg. von Nell Walden und Lothar Schreyer, Baden-Baden, 1954, S. 60.

«Zur Kandinsky-Ausstellung in Bern (1937)», Endfassung anlässlich der Berner Kandinsky-Ausstellung 1955, in: *Der Bund,* Bern, Jg. 106, Nr. 130, 18. März 1955.

«Zum Kriegswerk von Otto Dix», *Katalog der Otto-Dix-Ausstellung,* November 1958 bis Januar 1959, Galerie «Im Erker», St. Gallen, S. 3–8.

«Die Überwinderin» (Vorwort), in: Nell Walden, *Bilder und Gedichte,* Bern, 1969.

«Kurt Schwitters zum Gedächtnis», *Text+Kritik,* München, Nr. 35/36, 1972, S. 76.

Eine vollständige Bibliographie der Schriften von Otto Nebel befindet sich in:
Das dichterische Werk, herausgegeben und bearbeitet von René Radrizzani, Edition Text+Kritik (Frühe Texte der Moderne), München, 1979.
Band I: *Zuginsfeld, Unfeig, Das Rad der Titanen.*
Band II: *Prosa, Gedichte, Nachlass.*
Band III: *Frühwerke, Schriften zur Sprache und zur Kunst.*

OTTO NEBEL

Aus einem Briefe vom
6. Mai 1973:

'Gewohnt, der Gebende und ein Verschwender des Beglückenden zu sein, ist mein Kunst-Sinn tausendmal demütiger als „die Leute" wähnen. Und so umfaßt mein eigentliches Büßertum auch den völligen Verzicht auf _dummen_ Stolz, der darin gipfelt, daß „man" nicht „die Hand reicht", wenn „man" vernachlässigt wurde. Mein _weiser_ Stolz allerdings ist ein wachsamer Geist von Schicksals Gnaden, und er ist gütig, denn er warnt vor groben Verstößen gegen die ewige Liebe.'

*